TOP 10

LAS VEGAS

CONNIE EMERSON

PUBLIFOLHA

Bellagio; Forum Shops no Caesars; The Venetian

DK

UM LIVRO DORLING KINDERSLEY

www.dk.com

COORDENAÇÃO DO PROJETO
PUBLIFOLHA
EDITORA ASSISTENTE: Mariana Zanini
COORDENADORA DE PRODUÇÃO GRÁFICA: Mariana Metidieri

PRODUÇÃO EDITORIAL
PÁGINA VIVA
TRADUÇÃO: Carlos Mendes Rosa
EDIÇÃO: Rosi Ribeiro, Carlos Tranjan
REVISÃO: Beatriz Chaves, Mariana Nascimento
DIAGRAMAÇÃO: Priscylla Cabral

Dados Internacionais de Catalogação na Publicação (CIP)
(Câmara Brasileira do Livro, SP, Brasil)

Emerson, Connie
Top 10 Las Vegas / Connie Emerson ; [tradução Carlos Mendes Rosa]. – São Paulo : Publifolha, 2014. – (Guia Top 10)

Título original: Top 10 Las Vegas
ISBN 978-85-7914-540-7

1. Las Vegas (Nevada) – Descrição e viagens – Guias
I. Título. II. Série.

14-02556 CDD-917.494

Índices para catálogo sistemático:
1. Las Vegas : Cidade : Descrição e viagens 917.494
2. Las Vegas : Cidade : Guias de viagem 917.494

Este livro segue as regras do Acordo Ortográfico da Língua Portuguesa (1990), em vigor desde 1º de janeiro de 2009.

Impresso na South China, China.

PUBLIFOLHA
Divisão de Publicações do Grupo Folha
Al. Barão de Limeira, 401, 6º andar
CEP 01202-900, São Paulo, SP
Tel.: (11) 3224-2186/2187/2197
www.publifolha.com.br

Sumário

Top 10 Las Vegas

A Strip 8
Hoover Dam 10
Centro de Las Vegas 12
Bellagio 14
Grand Canyon 16
The Venetian 20
Wynn Las Vegas 22
Red Rock Canyon 24
Forum Shops no Caesars 26
CityCenter 28
Eventos Históricos 30
Hotéis Temáticos 32
Cassinos 36
Espetáculos 38
Música, Teatro e Esportes 40
Casas Noturnas e Lounges 42

As listas Top 10 não estão em ordem de qualidade ou popularidade. As 10 atrações, na opinião dos editores, são iguais em importância.

Foi feito o possível para garantir que as informações deste livro fossem as mais atualizadas disponíveis até o momento da impressão. No entanto, alguns dados como telefones, preços, horários de funcionamento e informações de viagens estão sujeitos a mudanças. Os editores não podem se responsabilizar por qualquer consequência do uso deste guia nem garantir a validade das informações contidas nos sites indicados.

Os leitores interessados em fazer sugestões ou comunicar eventuais correções podem escrever para a Publifolha, Al. Barão de Limeira, 401, 6º andar, CEP 01202-900, São Paulo, SP, ou enviar um e-mail para atendimento@publifolha.com.br

Capa – **4Corners**: SIME/Fabrizio Romiti, foto principal; **DK Images**: Greg Ward be. Lombada – **DK Images**: Rough Guides/Greg Ward b. Contracapa – **DK Images**: Demetrio Carrasco ad; Alan Keohane ae; Rough Guides/Greg Ward ac.

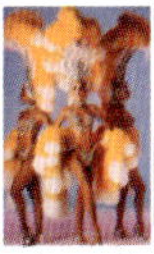

Golden Nugget Casino; *Jubilee!*; Capela matrimonial; Legacy Golf

Museus e Galerias 44

Restaurantes Gourmet 46

Bares de Salada, Bufês e Brunches 48

Capelas Matrimoniais 50

Compras 52

Suvenires 54

Brinquedos e Simuladores 56

Festivais e Eventos 58

Atividades ao Ar Livre 60

Campos de Golfe 62

Spas e Academias 64

Atrações para Crianças 66

Área por Área

A Strip 70

Centro 78

Além do Neon 84

Lago Mead, Hoover Dam e Laughlin 92

Parques e Reservas 98

Dicas de Viagem

Informações Práticas 112

Casar em Las Vegas 120

Dicas sobre Jogos 122

Portadores de Deficiência 127

Gays e Lésbicas 128

Bancos e Dinheiro 129

O que Evitar 131

Como Ficar Saudável 132

Camping e Casas Flutuantes 134

Dicas de Hospedagem 135

Índice 136

Fremont Street Experience; Grand Canyon

Nas páginas seguintes, **Vegas Vic, Centro de Las Vegas**

SOUVENIRS
GIFTS
R

TOP 10 LAS VEGAS

Destaques 6-7

A Strip 8-9

Hoover Dam 10-1

Centro de Las Vegas 12-3

Bellagio 14-5

Grand Canyon 16-9

The Venetian 20-1

Wynn Las Vegas 22-3

Red Rock Canyon 24-5

Forum Shops no Caesars 26-7

CityCenter 28-9

Top 10 de Tudo 30-67

TOP 10 LAS VEGAS

TOP 10 Destaques

A capital mundial da diversão oferece quase tudo: os maiores hotéis do mundo, as melhores estrelas do show business e lojas e restaurantes de alto nível. Embora as luzes brilhem mais forte em Las Vegas, não é preciso se afastar muito do glamour para ver a beleza natural dos lagos e do deserto.

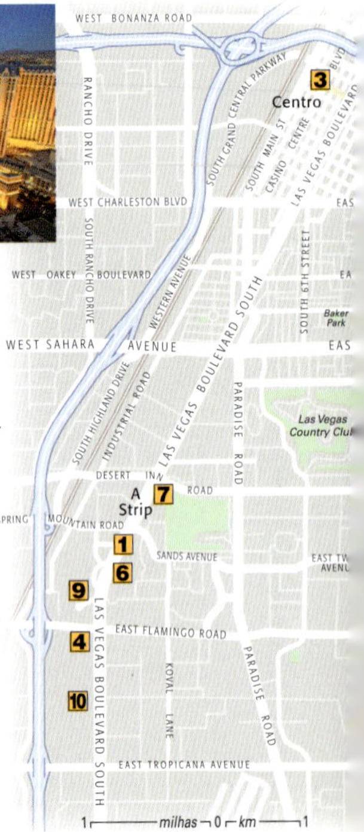

1 A Strip

A artéria de neon dos cassinos pulsa de empolgação. Resorts temáticos fazem dela uma rua que não dorme *(pp. 8-9)*.

2 Hoover Dam

Maravilha da engenharia, a represa não só domou o bravio rio Colorado como também criou o enorme lago Mead, local propício para muitas atividades aquáticas, a poucos minutos dos limites da cidade de Las Vegas *(pp. 10-1)*.

3 Centro de Las Vegas

Coração da cidade em seus primórdios, o Centro de Las Vegas passou por uma revitalização no fim dos anos 1990 *(pp. 12-3)*.

4 Bellagio

Bem localizado, esse hotel elevou o cacife do luxo em Las Vegas *(pp. 14-5)*.

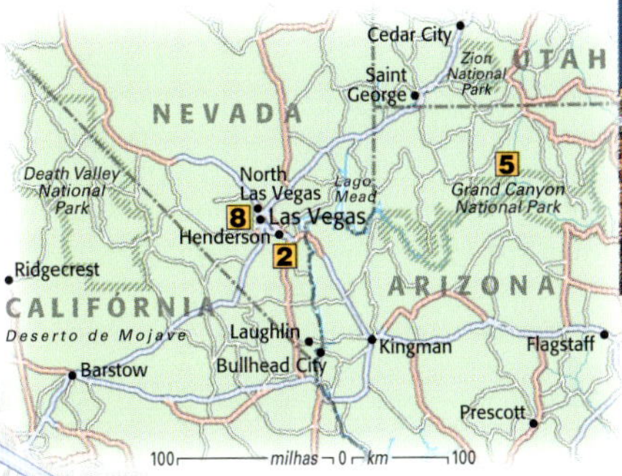

The Venetian 6
O Renascimento italiano revisitado. Menestréis e nobres passeiam entre marcos de Veneza; gondoleiros singram o canal *(pp. 20-1)*.

5 **Grand Canyon**
O ponto alto das excursões de Las Vegas. Os turistas, que vêm de avião, ônibus ou carro, dizem que a experiência é inesquecível *(pp. 16-9)*.

Wynn Las Vegas 7
Esse megarresort luxuoso é cercado de jardins com belo paisagismo *(pp. 22-3)*.

8 **Red Rock Canyon**
Não longe das luzes da cidade, o local perfeito para quem quer fugir da ostentação *(pp. 24-5)*.

9 **Forum Shops no Caesars**
A antiga glória de Roma compõe o pano de fundo de lojas e restaurantes finos *(pp. 26-7)*.

10 **CityCenter**
Essa "cidade dentro da cidade" é o resort particular mais caro dos Estados Unidos *(pp. 28-9)*.

TOP 10 A Strip

Em nenhum lugar a pompa e o brilho de Las Vegas, ou sua ambivalência, são tão marcantes quanto na Strip. Essa via de 6km (na verdade, uma parte do Las Vegas Boulevard) é o coração da capital mundial da diversão e abriga muitos dos maiores hotéis e cassinos do planeta. A extravagância, tanto para adultos quanto para a família, faz de Las Vegas uma cidade de superlativos. A Strip é mestre da reinvenção e da recriação, mudando constantemente, surpreendendo e adotando novas soluções para impressionar os visitantes.

A Strip de dia

Você está de férias – então por que não comer sonhos no café da manhã?! Os deliciosos Krispy Kreme estão à venda no Excalibur, na entrada do TI, e em outros cassinos da Strip.

Para vivenciar toda a agitação, pegue um quarto de hotel com vista para a Strip. Os melhores são The Venetian, TI e o Trump International Hotel.

Se não quiser enfrentar as multidões, saia cedinho para fazer compras nas lojas da Strip. Ou então dê preferência às lojas nos hotéis, que ficam abertas até tarde.

- *Mapa M3-R2*
- *Informação geral: Las Vegas Convention and Visitors Authority*
- *3150 Paradise Road*
- *702 892 0711 ou 877 847 4858*
- *www.visitlasvegas.com*

Destaques

1. A Strip de Dia
2. A Strip à Noite
3. Hotéis-Cassinos Antigos
4. Cassinos Temáticos
5. Os Seis Megarresorts
6. Fashion Show
7. Forum Shops no Caesars
8. Empresas Minúsculas
9. Hawaiian Marketplace
10. Imitadores

1 A Strip de Dia

Embora de dia não haja o brilho da noite, a Strip começa a acordar no meio da manhã, quando a rua e as calçadas ficam lotadas de carros e pedestres. A Strip foi denominada como rota cênica por ser um destino turístico em si.

2 A Strip à Noite

A Strip merece ser vista ao anoitecer: seus quilômetros de tubos de neon, milhões de luzes que cintilam, pulsam e piscam, enormes placas de fibra ótica e, é claro, milhares de pessoas criam uma agitação quase eufórica.

3 Hotéis-Cassinos Antigos

Riviera e Bally's estão entre os poucos sobreviventes dos anos 1950 aos 1970. As fachadas e o paisagismo são grandiosos, mas não em excesso – reflexo do pós-guerra. Os quartos têm preços relativamente baixos e muitos foram renovados.

Veja mais sobre a Strip nas **pp. 70-7**

4 Cassinos Temáticos

Os famosos New York-New York *(p. 32)*, Treasure Island – também chamado TI *(p. 33)* –, Monte Carlo e Luxor *(p. 72)* foram construídos nos anos 1990. O New York-New York tem a energia da Times Square e o TI *(à dir.)* exibe espetáculos na Sirens' Cove. O Egito Antigo é o tema do Luxor.

5 Os Seis Megarresorts

Bellagio *(pp. 14-5)*, The Venetian *(pp. 20-1, à dir.)*, Wynn Las Vegas *(pp. 22-3)*, CityCenter *(pp. 28-9)*, Mandalay Bay *(p. 32)* e Paris *(p. 33)* abriram a partir de 1998. Você não precisará sair de novo quando se instalar: todas as suas necessidades serão atendidas ali.

6 Fashion Show

O shopping Fashion Show *(p. 52)* ostenta com orgulho a máxima local de que "maior é melhor". Esse elegante megashopping contém 250 lojas e restaurantes de luxo e nada menos que sete grandes lojas de departamentos.

7 Forum Shops no Caesars

Ponto obrigatório de Las Vegas, as Forum Shops *(pp. 26-7, acima)* misturam diversão, alimentação e compras. Saboreie um hambúrguer enquanto seus olhos se deleitam com cenas da Roma Antiga.

8 Empresas Minúsculas

Prédios simples de um andar se espremem entre arranha-céus e abrigam de lanchonetes a agências de turismo. Há uma profusão de lojas na ponta norte da Strip.

9 Hawaiian Marketplace

Situada no centro da Strip, entre o Flamingo e o Tropicana, essa praça kitsch com tema de ilha tem áreas de compras, alimentação e diversão.

10 Imitadores

Elvis está vivo – ao menos suas várias reencarnações estão. Imitadores de Elvis Presley e Marilyn Monroe, entre outros ícones, são uma cena rotineira na Strip. Eles aparecem em shows nostálgicos e até em casamentos. Mas olho vivo: algumas celebridades de verdade moram no local!

A Máfia

Como o filme *Cassino* (1995), com Robert de Niro, mostra bem, o crime organizado e Las Vegas foram companheiros por muitas décadas a partir dos anos 1940. Os gângsteres eram atraídos pelas moedas brilhantes que sem esforço ganhavam nos diversos caça-níqueis. Bugsy Siegel foi um pioneiro com seu Flamingo Hotel *(p. 30)*, e o chefão do Meio-Oeste Moe Dalitz abriu o Desert Inn em 1950. Conheça a ligação de Las Vegas com a máfia e o crime organizado no Museu da Máfia *(p. 81)*.

Veja mais sobre jogos nas **pp. 122-5**

TOP 10 Hoover Dam

Antes da construção da represa Hoover, no início do século passado, o caudaloso rio Colorado inundava frequentemente vários hectares de terras cultiváveis no sul da Califórnia e no México. Uma série de estudos para dominar o rio devastador levou ao Boulder Canyon Project Act, em 1928, e à construção subsequente da represa. Esse colosso de concreto – triunfo da engenharia – não só proporciona água, controla enchentes e provê eletricidade como é também uma famosa atração turística, com cerca de 1 milhão de visitantes por ano.

O topo da represa

Ao passar por Boulder City, abasteça-se de bebidas e sanduíches apetitosos na Capriotti's Sandwich Shop (1010 Nevada Highway), para fazer um piquenique mais tarde na praia do lago Mead.

Faça um cruzeiro sem refeições – é mais barato e sobra mais tempo para apreciar a paisagem.

Dirija pela margem oeste do lago Mead, nas rodovias 166 e 167, para chegar ao Valley of Fire and Lost City Museum *(p. 98).*

- *Mapa T2 • 50km SE de Las Vegas • Centro de Visitantes da Hoover Dam, Hwy 93, Hoover Dam, Boulder City, NV • 702 494 2517 • Aberto 9h-18h diariam • Reservas de excursão: 866 730 9097 (grátis) • www.usbr.gov/lc/hooverdam*

Destaques

1. Pat Tillman-Mike O'Callaghan Memorial Bridge (Hoover Dam Bridge)
2. Hoover Dam Visitors Center
3. Passeios na Usina e na Represa
4. Lago Mead
5. Passeios de Bote no Black Canyon
6. Cruzeiros no Lago Mead
7. Mergulhos
8. Boulder City/Hoover Dam Museum
9. Casas dos Operários, Boulder City
10. Commercial District, Boulder City

1 Pat Tillman-Mike O'Callaghan Memorial Bridge (Hoover Dam Bridge)

Veja da ponte da represa Hoover uma panorâmica do local. É impressionante a visão de 2,6 milhões de m³ de concreto, a 221m de altura.

2 Hoover Dam Visitors Center

Apresentações audiovisuais e teatrais, além de mostras multimídia, explicam os procedimentos e os perigos da construção da oitava maravilha do mundo moderno. Um mirante no alto do centro de visitantes proporciona uma vista panorâmica da represa, do lago Mead, da Hoover Dam Bridge e do Black Canyon.

3 Passeios na Usina e na Represa

Os visitantes podem descer ao quinto andar da usina ou explorar os túneis da represa.

Transformadores fora da usina

Veja mais sobre a Hoover Dam e o lago Mead nas **pp. 92-7**

4 Lago Mead

O lago da represa é o maior feito pelo homem nos EUA. Seus 885km de margens ostentam cânions e campos floridos; suas águas estão repletas de peixes. A Boulder Beach oferece as melhores oportunidades para nadar.

5 Passeios de Bote no Black Canyon

O rio Colorado corre lento abaixo da represa – assim, andar de bote é agradável, sem a loucura das corredeiras. São pouco mais de três horas para realizar a viagem de 19km à Willow Beach. Veja os petróglifos escavados na rocha e os anilhos: antes da represa, estes eram usados para prender barcos a vapor ao atravessarem as fortes correntes.

6 Cruzeiros no Lago Mead

De barco, as margens do lago são mais pitorescas *(à esq.)*. Há praias com rochas de todos os tons, além de vida animal – veja burros, lebres, lagartos e às vezes carneiros-selvagens.

7 Mergulhos

Uma paisagem subaquática incomum revela-se aos mergulhadores: fora os peixes, há uma fábrica submersa, onde era limpo e separado o cascalho para o concreto da empresa. Faça um passeio com uma empresa local; mergulhadores treinados alugam o equipamento necessário.

8 Boulder City/ Hoover Dam Museum

A represa e as pessoas que a construíram são o tema desse museu, situado no histórico Boulder Dam Hotel *(p. 93, acima)*. Não perca o filme que relata a construção da represa. Objetos, fotos e cartazes esclarecem sobre a vida nos anos 1930.

9 Casas dos Operários, Boulder City

Até 8 mil operários da represa moraram no local. Ainda que muitas construções tenham desaparecido, os chalés de 1 a 12 estão muito bem conservados.

10 Commercial District, Boulder City

Retorne aos EUA dos anos 1930. Os prédios de estilo sulista, com arcos, foram os precursores das praças de compras atuais e contrastam com o Boulder Dam Hotel, de estilo holandês colonial.

Povos Antigos

Os arqueólogos discordam sobre o tempo em que seres humanos viveram ao longo do rio Colorado. Sem dúvida havia moradores rio abaixo há cerca de 3 mil ou 4 mil anos, talvez até 8 mil pessoas. Os pataias, surgidos em cerca de 900 d.C., estiveram entre os primeiros nativos americanos que viveram na ampla região de três estados (Nevada, Arizona e Califórnia). Eles habitavam abrigos de galhos e gravetos e comiam sementes e plantas. Os descendentes deram origem às tribos hualapai e mojave.

Veja mais sobre atividades ao ar livre nas **pp. 60-1**

Centro de Las Vegas

Durante os anos 1980 e o início dos 1990, à medida que a Strip se tornava ainda mais elegante, a região do centro – até mesmo o trecho da Fremont Street antes chamado Glitter Gulch – decaía cada vez mais. As autoridades municipais e os donos de cassino concordaram que se devia tomar uma providência para reverter o declínio. As ações resultantes revitalizaram a região. O desenvolvimento continua, com novos restaurantes e atrações, oferecendo uma gama mais ampla de entretenimento para os turistas.

Fremont Street

Faça uma refeição memorável no Florida Café Restaurante Cubano (1401 Las Vegas Boulevard S.).

A parte mais agitada da noite no centro está perto da Fremont Street Experience.

Chegue alguns minutos antes do horário para ver o espetáculo de luz e som na Fremont Street Experience. Depois explore as lojas e os cassinos ou desfrute do entretenimento de palco até começar o próximo show.

- *Mapa J-L4, L3*
- *Golden Gate, 1 Fremont St, 702 385 1906*
- *Golden Nugget, 129 Fremont St, 702 385 7111*
- *Binion's, 128 Fremont St, 702 382 1600*
- *Vegas Club, 18 Fremont St, 702 385 1664*

Destaques

1. Luzes de Neon
2. Fremont Street Experience
3. Sinais do Passado
4. Primeiro Cassino de Vegas
5. Calçadão da Fremont Street
6. Golden Nugget
7. Binion's
8. Emergency Arts
9. Flightlinez, na Fremont Street Experience
10. Diversão

1 Luzes de Neon

O coração do Centro de Las Vegas abriga as clássicas placas e luzes de neon. Esse é um dos lugares mais iluminados do mundo – tanto que se pode ficar na rua à meia-noite e ler um jornal. Antes mesmo que a Fremont Street Experience fosse concebida, os maiores designers de luzes de neon e engenheiros elétricos do país montavam seus aparatos nesse lugar.

2 Fremont Street Experience

Estendendo-se da Main Street à Fourth Street, o calçadão da Fremont Street Experience tem como atração principal o Viva Vision, situado perto do Plaza Hotel-Casino. É o maior sistema de projeção por luzes do mundo, contando com 12,5 milhões de LEDs, que proporcionam espetáculos deslumbrantes de luz e som de hora em hora, do anoitecer à meia-noite *(pp. 78-9)*.

Fremont Street Experience

3 Sinais do Passado

O Las Vegas Vic *(p. 80)* acena para os transeuntes na Fremont Street desde 1951. Outras curiosidades da história do neon estão no Neon Museum *(p. 45)*, na esquina da Fremont Street com o Las Vegas Blvd.

Veja mais sobre o Centro de Las Vegas nas **pp. 78-83**

4 Primeiro Cassino de Vegas

O lugar em que tudo começou foi o Sal Sagev Hotel, na Fremont Street, atualmente Golden Gate. O primeiro nome, que soa estranho, só faz sentido quando lido ao contrário. Hoje, o hotel é mais famoso pelos coquetéis de camarão que pela jogatina.

5 Calçadão da Fremont Street

Os pedestres que se encontram no calçadão têm acesso direto a dez cassinos e mais de 60 restaurantes. Aproveite a vibração dos cassinos abertos, nos quais a movimentação transborda para a rua.

6 Golden Nugget

O quatro estrelas Golden Nugget é o hotel de melhor custo-benefício da cidade (fora da temporada, o preço cai para até US$60). Seu cassino também é de primeira *(p. 37)*. Vá ao Carson Street Café pelo ambiente relaxante e para ver o movimento.

7 Binion's

O contrabandista de Dallas e jogador Benny Binion abriu em 1951 esse cassino, que ficou com seus descendentes até 2004. Os maiores nomes do pôquer continuam a jogar no Binion's, embora a Série Mundial de Pôquer tenha mudado para o Rio de Janeiro *(p. 36)*. Vale visitar o hotel-cassino para desfrutar do clima dos velhos tempos.

8 Emergency Arts

Localizada em antiga loja de departamentos, essa inusitada cooperativa abriga espaço coletivo de trabalho para artistas e galerias e um café autônomo. Há também um estúdio de ioga, cabeleireiro, biblioteca e até um clube de uquelele.

9 Flightlinez, na Fremont Street Experience

Aprecie o panorama da Fremont Street percorrendo seus 228m de extensão suspenso numa tirolesa, 67m acima do calçadão. Os aventureiros atingem até 55km/h.

10 Diversão

Além dos espetáculos musicais e dos números nas salas de estar da maioria dos hotéis *(pp. 42-3)*, há locais de diversão na Fremont Street, onde acontecem desfiles e apresentações de grupos musicais *(p. 82)*.

Primórdios

Durante vinte anos após a sua constituição, o entretenimento em Las Vegas limitou-se a alguns bares e bordéis na zona do meretrício, no centro. A legalização do jogo e a chegada de 5 mil operários para a construção da represa, em 1931, mudaram tudo. Abriram-se cassinos na Fremont Street e os turistas afluíram. Os alistados na Segunda Guerra Mundial e sua família aumentaram a população de Las Vegas nos anos 1940, e a construção de cassinos continuou após a guerra – até hoje.

Veja os melhores hotéis e cassinos de Las Vegas nas **pp. 32-7**

TOP 10 Bellagio

Dos arranjos de flores nos salões aos acessórios das banheiras, o Bellagio, construído em 1998, é o auge da perfeição. O objetivo de Steve Wynn, que idealizou esse grandioso monumento ao lazer, foi criar um hotel "que espelhasse qualidade absoluta e ao mesmo tempo transparecesse romantismo e elegância – romantismo no sentido literário, um lugar de beleza e conforto perfeitos; o mundo que todos esperam ter, como seria se tudo fosse correto". A maioria acredita que Wynn cumpriu sua meta.

Fachada do Bellagio

Para almoçar sem pressa em ambiente tranquilo, reserve uma mesa no terraço do Olives, com vista para o lago Bellagio.

Passe uma tarde gostosa no luxuoso spa do hotel. Pode-se fazer reserva para grupos, como a noiva e as madrinhas, e há também uma lista de tratamentos dedicada especialmente aos homens.

Para uma boa visão do espetáculo da fonte do Bellagio, atravesse a rua e vá ao andar do mirante da Torre Eiffel, no Paris Las Vegas.

• Mapa Q1-2 • 3600 Las Vegas Blvd S. • 888 987 6667 • www.bellagio.com • $$$$$ (veja as categorias de preço na p.89)

Destaques

1. Tema Italianizado
2. Teto do Saguão
3. Via Bellagio
4. Estufa e Jardim Botânico
5. Cassino
6. Gallery of Fine Art
7. Teatro
8. Restaurantes
9. Pátio
10. Infraestrutura de Negócios

1 Tema Italianizado

De frente para um belo lago de 3,4ha com um bulevar arborizado do outro lado, esse resort extraordinário foi projetado para lembrar uma aldeia idílica às margens do lago Como, na Itália. O tema italianizado é recorrente no local – no edifício original com 3 mil quartos, na Spa Tower, nas dezenove opções de alimentação e nas duas capelas matrimoniais –, criando um ambiente de opulência. Essa recriação da Itália custou US$1,97 bilhão.

2 Teto do Saguão

Ao entrar, os visitantes deparam-se com o Fiore di Como, um estonteante jardim de flores de vidro, com 86m², penduradas no teto do saguão. Elas foram criadas por Dale Chihuly, primeiro artista americano intitulado tesouro nacional. Observe como cada flor é diferente das outras.

Veja mais sobre hotéis temáticos nas **pp. 32-3**

3 Via Bellagio

Você só pode se dar ao luxo de comprar na galeria do Bellagio se tiver muito dinheiro. Entre as lojas há nomes de fama internacional, como Prada, Tiffany & Co., Chanel, Giorgio Armani, Dior, Fendi, Gucci e Yves St Laurent *(p. 52)*.

4 Estufa e Jardim Botânico

Fãs de jardinagem e admiradores de plantas ficam perplexos com os arranjos florais, que mudam com a estação e no Ano-Novo chinês. Cada alteração exige o trabalho de nada menos que 140 profissionais.

5 Cassino

Esse é o cassino mais agradável de Las Vegas do ponto de vista estético – menos espalhafatoso e mais sofisticado que os outros. Carrosséis de caça-níqueis são envoltos em tecidos feitos sob encomenda, em vez dos onipresentes tubos de neon, e tapetes únicos compõem uma fuga elegante do lugar-comum.

6 Gallery of Fine Art

A galeria de arte do Bellagio recebe grandes exposições temporárias de nomes internacionais importantes, do passado e do presente, em convênio com outras galerias e museus da América do Norte e do mundo.

7 Teatro

Criado para a espetacular montagem "O" do Cirque du Soleil *(p. 38)*, o teatro mistura a grandiosidade do Velho Mundo (inspira-se na Ópera de Paris) a tecnologia de ponta. Uma piscina de 6,8 milhões de litros é crucial na produção – ela pode ser modificada para os vários atos do show.

8 Restaurantes

Entre os excelentes restaurantes do Bellagio estão Le Cirque, Michael Mina, Noodles, Jasmine e Yellowtail. O premiado Picasso *(p. 46)* é decorado com obras de arte originais.

9 Pátio

Com colunas e estátuas à italiana, cinco piscinas descobertas e quatro spas *(p. 65)*, o pátio do Bellagio é perfeito para caminhadas de manhã e à noite. De tarde, ele se transforma num ambiente com tendas junto à piscina, *chaises* (espreguiçadeiras) e mesas com guarda-sol, com banhistas bronzeados tomando um drinque.

10 Infraestrutura de Negócios

O Bellagio tem capacidade para promover reuniões e palestras para até 5.500 pessoas em 50 salas. Uma equipe profissional está pronta para auxiliar em vários serviços, como transcrição de discursos.

High Rollers

Os *high rollers* – grandes apostadores – são cortejados por todos os cassinos de porte. Os eleitos, com base na quantidade de apostas, variam bastante, mas o bom gastador – aquele que arrisca milhares de dólares numa noite – recebe tratamento VIP dos hotéis mais chiques. Podem ser levados a Las Vegas em jato particular, postos em suítes luxuosas e ter carta branca para pedir o que quiserem do hotel. Sendo superestrelas, os *high rollers* são tratados com a máxima discrição, de modo que talvez você não os identifique.

Veja sugestões sobre reserva de hotel na **p. 135**

TOP 10 Grand Canyon

"Impactante" e "meditativa" são palavras muito usadas em relação à experiência no Grand Canyon. Um dos lugares mais impressionantes do mundo, o cânion tem 443km de comprimento, 16km de largura e profundidade de até 1,6km em certos pontos. Por causa das enormes diferenças de altura entre o leito e a borda, contém diversos habitats de deserto e de montanha. A South Rim, de acesso mais fácil por estrada que a North Rim, está a cinco horas de carro de Las Vegas.

As camadas do cânion

Veja na p. 106 ótimos lugares para comer no Grand Canyon.

A South Rim do Grand Canyon é acessível o ano inteiro; já a infraestrutura e a estrada da North Rim fecham de meados out ou nov a meados mai.

É preciso ter permissão para acampar fora dos campings oficiais do parque nacional. Inscreva-se antes no Backcountry Information Center.

- *Mapa V2* • *South Rim 434km, North Rim 408km L de Las Vegas*
- *Grand Canyon Visitor Center: aberto 9h-17h diariam; horário prolongado no verão, 928 638 7888*
- *www.nps.gov/grca*
- *Preço do ingresso do parque nacional: US$25 por veículo ou US$12 por pedestre ou ciclista*

Destaques

1. Sobrevoos
2. Aventura em Rio Lento
3. Horários Variados
4. Trilhas
5. Mirantes
6. Rafting
7. Grand Canyon Railway
8. Tusayan Museum and Ruin
9. Condores-da-califórnia
10. Plátano Dourado

1 Sobrevoos

Os voos de avião de Las Vegas ao Grand Canyon estão entre os passeios mais procurados *(p. 109)*.

2 Aventura em Rio Lento

Se você gosta de rafting, inscreva-se numa excursão de um dia em rio lento. Os passeios começam na Glen Canyon Dam e percorrem 24km rio abaixo até Lee's Ferry, entrada do Marble Canyon *(p. 105)* e início do próprio Grand Canyon. No percurso, as paredes verticais do cânion ascendem abruptamente do rio, que de tão calmo parece a superfície de um lago.

3 Horários Variados

Os postos de informação nas bordas Norte e Sul do cânion fornecem mapas e também *The Guide* (informação geral sobre o parque), *The Jr. Ranger Guide* (com atividades infantis) e *The Accessibility Guide* (informação para portadores de deficiência). Mostras e livrarias ficam perto dos postos turísticos. Há ótimos mirantes próximos a esses centros. Pergunte sobre os programas de exploração noturna, caso vá pernoitar no parque.

Veja mais sobre o cânion e hospedagem nas **pp. 98-109**

4 Trilhas

São bem cotadas pelos andarilhos da South Rim as trilhas South Kaibab, Bright Angel e Rim *(p. 108)*. Entre as melhores da North Rim estão North Kaibab, Bright Angel Point e Widforss. Não tente andar pelo leito do cânion e voltar no mesmo dia – peça uma licença de pernoite.

5 Mirantes

Você aprecia vistas incríveis de muitos mirantes do cânion. Na South Rim, a Hermit Road, agarrada à orla oeste da Grand Canyon Village, tem nove mirantes. Do Pima Point avista-se o maravilhoso rio Colorado lá embaixo. Os motoristas podem usar a Desert View Drive (Hwy 64), ao longo da South Rim, ao leste da Grand Canyon Village, com um panorama espetacular nos pontos Grandview e Moran, e quase se enxerga até Utah do topo da Watchtower (23m). A North Rim fecha de meados de outubro a meados de maio.

6 Rafting

Dezenas de empresas, como a Canyon Explorations *(p. 109)*, oferecem excursões de canoagem em botes infláveis pelo Colorado, no leito do cânion. Duram de seis a dezesseis dias.

7 Grand Canyon Railway

Existem quatro classes de serviço na viagem em um trem antigo de Williams à orla sul do Grand Canyon. Também são oferecidos pacotes de férias.

8 Tusayan Museum and Ruin

Ruínas de moradias na rocha de ancestrais dos índios hopis, de cerca de 1200 d.C., estão preservadas entre a South Rim Village e a entrada leste do parque. O Tusayan Museum and Ruin exibe artefatos, moradias recriadas e mostras de tribos contemporâneas da região, as quais revelam uma fascinante cultura. O museu abre todo dia.

9 Condores-da-califórnia

Com mais de 1m de altura e envergadura de até 3m, o raro condor-da-califórnia é avistado sobrevoando a South Canyon Rim no verão.

10 Plátano Dourado

No outono, a North Rim resplandece com um amarelo vivo quando os densos bosques de plátano ficam dourados.

A Exploração do Cânion

Em 1869, o major John Wesley Powell, veterano da Guerra de Secessão, chefiou um grupo de exploração cruzando o cânion junto ao rio Colorado. Em 28 de agosto, três dos homens deixaram o grupo na borda do Separation Canyon; foram mortos por indígenas. Ironicamente, no dia seguinte a expedição de Powell saiu a salvo do desfiladeiro, encerrando a primeira exploração do Grand Canyon.

Nas páginas seguintes, **a South Rim ao anoitecer, Grand Canyon**

TOP 10 The Venetian

Inspirado na italiana Veneza, o Venetian é um edifício colossal e premiado. Composto só de suítes, esse resort situa-se no coração da Strip, o que faz dele um ponto ideal para explorar o resto do Las Vegas Boulevard. As Grand Canal Shoppes, uma paisagem urbana coberta, com gôndolas e gondoleiros cantores – e a "praça de São Marcos" como pano de fundo –, oferecem uma profusão de lojas. As salas de jogos e o luxuoso spa também são notáveis. Além disso, há mais de 30 restaurantes chiques e três teatros.

Arcada no terreno do Venetian

Delicie-se com uma refeição no Wolfgang Puck's Postrio Bar and Grill, descrito pela revista *Hotels* como "um dos dez melhores restaurantes do mundo".

É quase tão divertido – e muito menos caro – ver os gondoleiros em terra firme quanto de dentro das gôndolas.

Se possível, visite o Venetian quando for lua cheia e houver menos gente: sob o luar, esse hotel é deslumbrante.

- *Mapa P2*
- *3355 Las Vegas Blvd S.*
- *702 414 1000 ou 877 283 6423*
- *www.venetian.com*
- *$$$$$ apenas suítes (veja as categorias de preço na p. 89)*

Destaques

1. Arquitetura e Atmosfera
2. Grand Colonnade
3. Grand Canal
4. St. Mark's Square
5. Grand Canal Shoppes no Venetian
6. Restaurantes
7. Madame Tussauds
8. Eventos Especiais
9. Canyon Ranch SpaClub
10. Cassino

1 Arquitetura e Atmosfera

A grandiosidade de Veneza alia-se ao luxo de Las Vegas, e o resultado é espetacular. Tudo bem, o Grand Canal tem só 350m diante de 4km do original, mas a falta de autenticidade é compensada pela atmosfera festiva de Las Vegas.

2 Grand Colonnade

Reproduções de afrescos emolduradas com ouro 24 quilates adornam os tetos em forma de cúpula ou abóbada. Pisos de mármore, colunas clássicas, cortesãos a caráter e uma impressionante recriação da Veneza real fazem a imaginação voar.

3 Grand Canal

Desatraque o barco e alugue a Gôndola Matrimonial do próprio Venetian para a sua cerimônia de casamento! Você pode até passar por baixo da "ponte do Rialto".

Veja mais sobre hotéis temáticos nas **pp. 32-3**

4 St. Mark's Square

A geografia não é como a da praça original, mas, ainda que você note isso, talvez nem se importe – o efeito geral é bastante agradável esteticamente, quem sabe mais que nos outros resorts.

5 Grand Canal Shoppes no Venetian

Uma infinidade de artigos nas lojas junto ao canal *(p. 53; à esq.)* agrada a todos os gostos: há truques de mágica na Houdini's e sorvete na Häagen-Dazs; há pérolas na Mikimoto e roupas casuais na Banana Republic. Vá de gôndola ou percorra a longa passarela que interliga as lojas.

6 Restaurantes

Entre as estrelas do elenco gastronômico do Venetian estão o sublime Postrio Bar and Grill, do restaurateur Wolfgang Puck, o B & B Ristorante, de Mario Batali, o TAO Asian Bistro e o Valentino, de Pierre Selvaggio. Coma ao ar livre na "praça de São Marcos" para viver uma noite veneziana.

7 Madame Tussauds

Em prédio inspirado na biblioteca da praça de São Marcos, o museu de cera abriu em 1999 e expõe celebridades como Frank Sinatra *(acima)*. Há quem diga que as figuras são muito mais fiéis que as do museu original em Londres *(p. 44)*.

8 Eventos Especiais

Ao longo do ano, o Venetian realiza eventos, como a homenagem anual a soldados e veteranos feridos e as danças com dragões no Ano-Novo chinês.

9 Canyon Ranch SpaClub

Maior do gênero na América do Norte, o spa do Venetian tem uma parede de escalada, duas academias de ginástica e 94 salas de tratamento.

10 Cassino

Situado no "Palácio do Doge", o vasto cassino tem 110 mesas de jogo e 2 mil caça-níqueis. Nas paredes da Renaissance Room, dos grandes apostadores, há obras de Tiepolo, Tintoretto e Ticiano. O cassino conta com uma sala de apostas em corridas e esportes de 930m², com mais de cem lugares em estações de apostas.

Obstáculos

A trajetória de um grande hotel-cassino, da prancheta de desenho à grandiosa inauguração, é longa e quase sempre tortuosa. Claro que as plantas devem ser aprovadas pelo governo municipal e pela câmara. Mas a análise mais rigorosa é reservada não à construção, mas aos proprietários e administradores do cassino. Essas pessoas são investigadas pela Comissão de Jogos de Nevada e submetidas a uma averiguação minuciosa do seu passado antes de receberem um alvará de jogos.

Veja mais sobre museus nas **pp. 44-5**

TOP 10 Wynn Las Vegas

Construído no local do lendário Desert Inn – que chegou a pertencer ao magnata Howard Hughes –, esse megarresort foi projetado para cativar os maiorais entre os grandes apostadores e grandes gastadores. Reina suprema a opulência excessiva, dos casarões extravagantes aos automóveis do showroom da Ferrari-Maserati. O Encore, irmão do Wynn, é um acréscimo luxuoso ao resort, com uma seleção própria de restaurantes, suítes, lojas e diversões. O terreno, com uma montanha e um lago artificiais, também é espetacular.

Chalés à beira da piscina

The Buffet tem de tudo, de sushi a carne, e um bufê de consumo ilimitado. Café da manhã: US$19.95 (seg-sex); almoço: US$23.95 (seg-sex); jantar: US$36.95 (dom-qui), US$39.95 (sex-sáb); brunch no fim de semana: US$41.95 com champanhe; sem, US$31.95.

Para explorar o resort, use calçados confortáveis, pois o terreno é muito extenso.

Você encontra pratos de preço moderado nas lojas de alimentação informais, entre elas Pizza Place, Terrace Pointe Café e Zoozacrackers.

- *Mapa N2*
- *3131 Las Vegas Blvd S.*
- *702 770 7100, 888 320 7123 (grátis)*
- *www.wynnlasvegas.com*
- *$$$$$ (veja as categorias de preço na p. 89)*

Destaques

1. Cassinos
2. Le Rêve – The Dream
3. Suítes
4. Pratos Refinados
5. Campo de Golfe
6. Tryst
7. The Wynn Esplanade
8. Salões Nupciais
9. O Terreno
10. Spas

1 Cassinos

Os cassinos do Encore e do Wynn parecem mais aconchegantes do que o tamanho leva a crer. O valor da aposta nos caça-níqueis e nas mesas é mais alto que em outros cassinos, e os bares são elegantes. A decoração é luxuosa, e não se vê nenhuma luz piscando ou placa de neon. Os caminhos de mosaicos proporcionam luz natural e vista para os oásis cobertos.

2 Le Rêve – The Dream

Essa obra-prima aquática, *O sonho*, é de autoria de Franco Dragone, que também criou espetáculos para o Cirque du Soleil. A montagem abstrata conta com um figurino fabuloso, coreografia magnífica,

nado sincronizado e humor. Os espetáculos são realizados no teatro circular do Wynn, cujo palco é rodeado por uma piscina – por isso, a visão pode ser limitada, mas se sabe que as seções A e B são aquelas em que os espectadores ficam molhados *(p. 39)*.

Veja mais sobre hotéis temáticos nas **pp. 32-3**

3 **Suítes**
As janelas de parede a parede e do chão ao teto das mais de 1.300 suítes dão vista para a Strip, o campo de golfe ou as montanhas. Todas as acomodações são enormes e têm roupa de cama europeia, mobília elegante, além de DVD e TV de tela plana na sala e no banheiro.

4 **Pratos Refinados**
Os restaurantes do Wynn e do Encore têm chefs famosos que fazem pratos saborosíssimos. A SW, churrascaria do Wynn Las Vegas comandada pelo chef executivo David Walzog, dá toques inovadores a pratos típicos. O Sinatra, no Encore, centra-se na culinária italiana.

5 **Campo de Golfe**
O dono, Steve Wynn, e o golfista Tom Fazio redesenharam esse campo enorme retirando mais de 23 mil m³ de areia do deserto, replantando árvores e acrescentando elementos como a cascata por baixo da qual os jogadores passam para ir do 18º buraco à sede do clube, em estilo tradicional.

6 **Tryst**
Uma das boates mais sofisticadas da cidade, a Tryst tem escadaria de mármore e o indefectível palco de pole dance. A boate conta com paredes decoradas com veludo vermelho, uma cascata de 28m e um pátio que abraça uma lagoa semicircular. O serviço de mesa custa US$450 para três pessoas, mas também é possível comprar as bebidas do bar.

7 **The Wynn Esplanade**
Por trás das fachadas de vidro e aço cromado da Cartier, Oscar de la Renta, Judith Leiber, Manolo Blahnik e quase trinta outras lojas chiques, a tentação corre solta para os bilionários e jogadores em visita. Os curiosos podem admirar os carros na revendedora da Ferrari-Maserati, nas proximidades.

8 **Salões Nupciais**
Para os turistas que vão se casar em Vegas, há duas capelas matrimoniais com foyer privado e aposentos para a noiva. O Lilac Salon recebe 65 convidados, e o Lavender Salon acomoda 120. A Primrose Court é um ambiente romântico para casamentos ao ar livre, sob um dossel de árvores.

9 **O Terreno**
O lindo terreno floresce em qualquer estação. Árvores antigas, canteiros deslumbrantes e arbustos bem podados ladeiam os caminhos. Átrios e minioásis decoram as áreas comuns.

10 **Spas**
Os hóspedes podem se deleitar com uma série de massagens e outros tratamentos em uma das 37 salas especiais *(abaixo)*, ou na tenda ao lado da piscina *(na p. ao lado)*.

Steve Wynn

Se acaso se pode atribuir a um homem a concepção da Las Vegas Strip, ele é Steve Wynn. O criativo magnata de cassinos abriu o Mirage em 1989 e iniciou uma nova era, que repercutiu na jogatina em todo o mundo. Quando Wynn inaugurou o Bellagio, nove anos depois, estava lançado o desafio da excelência nos hotéis-cassinos e nasceu a tendência dos megarresorts. Ele descreve sua última criação, o Wynn Las Vegas, como "a construção mais cara, mais complexa e mais ambiciosa do mundo".

Veja mais sobre compras nas **pp.52-3**

TOP 10 Red Rock Canyon

Há cerca de 225 milhões de anos, tudo no Red Rock Canyon era coberto por um mar interior. O escarpamento, as formações e as cavernas foram criados depois que o mar evaporou e chuva e vento passaram a esculpir a terra. Essa notável região desértica fica a meros 38km da metade da Strip. Área de conservação desde 1990, ela é protegida contra o asfalto e a grama da expansão urbana. A estrada panorâmica de 21km que sai da Hwy 159 dá uma boa vista geral, mas é melhor explorar a pé essa parte do deserto de Mojave.

Lagarto do deserto

Pare em uma das lojas Einstein Bagels em Las Vegas para comprar o almoço e fazer piquenique nas Willow Springs.

Os cadeirantes têm vários locais acessíveis com vistas, perto do centro de visitantes e do calçadão da Red Spring.

É preciso ter licença para acampar no pernoite ou escalar rochas no Red Rock Canyon. Inscreva-se no centro de visitantes.

Tenha as precauções de sempre ao visitar o deserto *(p. 133)*.

• Mapa T2 • 38km da metade da Strip • Visitor Center, 1000 Scenic Drive, aberto 8h-16h30 diariam • 702 515 5350 • www.nv.blm.gov/redrockcanyon • Ingresso: US$7 por veículo • Camping: US$15 por noite por ponto

Destaques

1. Red Rock Vista Overlook
2. Visitor Center
3. Passeios a Pé e Guiados
4. Tartarugas Ameaçadas
5. Children's Discovery Trail
6. Petróglifos e Pictografias
7. Thirteen-Mile Drive
8. Livraria
9. Lagarto-da-cauda-de-chicote
10. Tinajas

1 Red Rock Vista Overlook

Desse mirante (a cerca de 1,5km após a saída da Hwy 159 para o cânion) avista-se o escarpamento do próprio Red Rock, que se ergue do leito do vale a estonteantes 1.000m. Cronometre sua viagem para chegar ao mirante na aurora ou ao pôr do sol, quando as cores desse arenito jurássico ficam ainda mais sensacionais.

2 Visitor Center

O centro de visitantes *(abaixo)* tem mapas da região e funcionários prontos para tirar dúvidas. Ele tem exposições sobre a história geológica, cultural e natural do lugar.

Red Rock Canyon

3 Passeios a Pé e Guiados

Entre mais de 50km de trilhas para caminhada no cânion, as mais procuradas são as que levam aos Calico Tanks (com arenito vermelho) e ao Oak Creek. Os passeios guiados concentram-se em aspectos ambientais, como flores silvestres nativas e a geologia da região.

Veja mais sobre parques e reservas perto de Las Vegas nas **pp. 98-109**

4 Tartarugas Ameaçadas

Procure as tartarugas de casco marrom, que vivem até cem anos. Elas cavam tocas no deserto e passam ao menos 95% da vida no subsolo. Uma curiosidade: as tartarugas adultas sobrevivem por um ano sem água.

5 Children's Discovery Trail

No centro de visitantes, as crianças aprendem com o livro de descobertas *Junior Explorer* e eventos educacionais. Perto das Willow Springs está a Children's Discovery Trail, para o Lost Creek. Com menos de 1,5km, essa trilha circular destaca atrações interessantes pelo caminho. Os penhascos acima dela são um bom lugar para avistar o carneiro-selvagem.

6 Petróglifos e Pictografias

O trecho ao redor das Willow Springs tem entalhes e pinturas rupestres pré-históricas fascinantes. O significado de muitos desses símbolos é desconhecido, mas acredita-se que representassem a busca de alimentos, já que os primeiros habitantes da região eram caçadores e coletores.

7 Thirteen-Mile Drive

O principal percurso panorâmico circular *(acima)* é uma estrada de mão única para ver os montes Rainbow e Bridge e os Calico Hills. Pelo caminho há paradas sinalizadas para apreciar a vista. Vá às Willow Springs para fazer piquenique nas áreas próprias. A maioria das trilhas tem acesso pelo estacionamento na via circular.

8 Livraria

A livraria do centro de visitantes dedica-se à flora, à fauna e à geologia regional. Estão à venda excelentes romances para crianças, centrados no Sudoeste dos EUA, e livros sobre a geologia, a história e a cultura regionais.

9 Lagarto-da-cauda--de-chicote

Comuns no Oeste dos Estados Unidos, esses pequenos lagartos têm focinho pontudo e língua fendida, que os ajuda a comer cupins, aranhas, escorpiões, centopeias e outros lagartos. São reconhecíveis pelas três ou quatro listras claras no dorso, com manchas escuras, e barriga amarela ou bege.

10 Tinajas

Abundantes nos Calico Hills e na White Rock Spring, as tinajas são tanques de água formados naturalmente. Servem de bebedouro para os animais e são ótimos lugares para tirar lindas fotos.

Cultura do Ciclismo

A Highway 159, que sai de Las Vegas para o Red Rock Canyon, e a rota circular panorâmica atraem ciclistas, sobretudo nas manhãs do fim de semana. Tenha cautela ao dirigir nessa via. Os turistas podem alugar bicicletas na Las Vegas Cyclery (8221 W. Charleston Blvd), na McGhie's (4305 S. Fort Apache Rd) e em outras empresas. Atenção com os animais do deserto, como lebres e cobras, que podem atravessar de repente a estrada. Leve muita água e filtro solar.

TOP 10 Forum Shops no Caesars

"Tantas lojas e tão pouco tempo" é a queixa da maioria dos visitantes de primeira viagem das Forum Shops. De um revendedor de opalas australianas a uma loja cuja renda é revertida para a proteção de espécies ameaçadas; de butiques de estilistas a galerias de arte, são mais de 160 estabelecimentos. Como as áreas públicas do conjunto abrem 24 horas todo dia, os turistas que querem olhar as vitrines, as fontes e os prédios com tranquilidade passeiam por lá de madrugada.

The Cheesecake Factory

Almoce num dos restaurantes com café na calçada, de onde você pode ver o desfile dos transeuntes.

Vá na época do Natal para admirar a requintada decoração.

É mais conveniente andar do estacionamento para as lojas do que atravessar o enorme cassino.

Se você está viajando com crianças, reserve um tempo para visitar a encantadora Houdini's Magic Shop.

- *Mapa P1-2*
- *Caesars Palace, 3500 Las Vegas Blvd S.*
- *800 634 6001*
- *Lojas abrem 10h-23h seg-qui, 10h-24h sex-dom*
- *Reservas para restaurante: 702 731 7731*
- *www.caesars.com*

Destaques

1. Escada Rolante em Espiral
2. Arquitetura
3. Teto de Céu
4. Joe's Seafood, Prime Steak & Stone Crab
5. Lojas de Moda Luxuosas
6. Max Brenner
7. Planet Hollywood
8. Wolfgang Puck's Spago
9. Aquário
10. The Cheesecake Factory

1 Escada Rolante em Espiral

As Forum Shops têm uma impressionante escada rolante em espiral suspensa, a primeira do tipo nos EUA. Com três andares de altura, foi projetada para o complexo pela Mitsubishi e montada em 2004, depois de uma ampliação do conjunto arquitetônico.

2 Arquitetura

Um fórum da Roma Antiga inspirou o projeto. O Roman Great Hall tem 49m de diâmetro e 26m de altura. Veja as fontes e as estátuas clássicas nas praças centrais, além do aquário de 190 mil litros de água salgada.

O teto de céu das Forum Shops

3 Teto de Céu

A cúpula que cobre as Forum Shops simula um céu em constante mudança. Brilha o sol de manhã, passam as nuvens à tarde, cintilam as estrelas à noite.

4 Joe's Seafood, Prime Steak & Stone Crab

Entre os pratos principais, carnes de primeira condimentadas com os temperos do Joe – mas a maior atração é o caranguejo-guaia do golfo do México, servido com o molho de mostarda do Joe.

Veja mais sobre compras nas **pp. 52-5 e 116**

5 Lojas de Moda Luxuosas

O shopping center ficou muito maior após a reforma de 2008. Grifes de renome, como Fendi, Gucci e Valentino, ajudam o local a manter o título autoatribuído de "a maravilha mundial das compras".

6 Max Brenner

Segundo o guru chocolateiro Max Brenner, chocolate não significa apenas sabor, mas também romantismo, sensualidade e prazer. A rede Max Brenner é um fenômeno em todo o mundo, com um cardápio composto basicamente de chocolate. Há 30 restaurantes nos Estados Unidos, e o das Forum Shops *(à dir.)* é o maior deles. Exibe tanques enormes para misturar chocolate e engradados cheios de cacau. Tijolos aparentes e velas ajudam a criar o clima do ambiente.

7 Planet Hollywood

Esse restaurante colossal está repleto de lembranças de Hollywood. Cartazes de cinema emoldurados, fotos de celebridades, figurino de filmes famosos e objetos de cena fazem desse café – conforme os seus anúncios – um dos maiores expositores de objetos cinematográficos do mundo. A culinária, ao estilo californiano, oferece sanduíches incomuns, saladas exóticas e hambúrgueres exclusivos de dar água na boca.

8 Wolfgang Puck's Spago

O Spago foi o primeiro dos restaurantes de chef-celebridade de Vegas, uma tendência que vem substituindo com refeições requintadas os famosos bufês tradicionais da cidade *(pp. 48-9)*. Pato com polenta assada ao alho e outras combinações inusitadas estão entre os pratos desse restaurante sofisticado. O Spago é um dos seis estabelecimentos de alimentação de Wolfgang Puck em Las Vegas.

9 Aquário

Esse aquário enorme, com 190 mil litros de água salgada, abriga mais de cem espécies marítimas. Entre os preferidos, tubarões e arraias; há também peixes solitários e de cardume, em geral encontrados perto dos recifes de coral. Os visitantes veem mergulhadores profissionais alimentar os peixes diariamente às 13h15 e às 17h15, e há um passeio pelos bastidores de segunda a sexta às 15h15.

10 The Cheesecake Factory

Com mais de 200 itens no cardápio, a Cheesecake Factory tem desde molho quente de espinafre e queijo com chips de tortilha, bruschetta e enrolado de ovo Tex Mex até cheesecake trufado com brownie de chocolate. Nas entradas, há frango à teriyaki com banana, abacaxi e açúcar mascavo.

Comércio ou Entretenimento?

Na maioria das cidades dos EUA, fazer compras é um fim em si mesmo: ir ao shopping, comprar, voltar para casa. Em Las Vegas, contudo, as compras ganham outra dimensão, aliando-se ao entretenimento. As Forum Shops e alguns hotéis, entre eles o Paris e o Venetian, contam com músicos, cantores, mímicos e outros artistas que andam pelas galerias. Além de ser de graça, toda essa atividade aumenta a magia e a animação *(pp. 52-3)*.

Veja mais sobre o Caesars Palace na **p. 32**

TOP 10 CityCenter

A maior criação de Las Vegas é o CityCenter, uma "cidade dentro da cidade" feita para ter tudo num só lugar. Situado em 270 mil m² no coração da Strip, o conjunto abriga cinco propriedades distintas: Aria Resort, Crystals at CityCenter, Mandarin Oriental, Vdara Hotel e Veer Towers, que são residenciais. A área engloba também um cassino, spas de luxo e diversas galerias de arte, todos bem próximos. O CityCenter é o projeto com financiamento privado mais caro dos Estados Unidos: custou US$8,5 bilhões.

Vista aérea do CityCenter

Inicie o dia com um panini e um café no World News Kaffee's The Cup, no primeiro andar do Crystals, perto da entrada dos manobristas.

Um bonde grátis liga o CityCenter ao Bellagio e ao Monte Carlo em apenas três minutos.

- *3740 Las Vegas Blvd S.*
- *Mapa Q1-2*
- *Aria Resort, 3730 Las Vegas Blvd S., 866 359 7111, $$$$ (veja as categorias de preço na p.89)*
- *Crystals at CityCenter, 3720 Las Vegas Blvd S., 866 754 2489*
- *Zarkana, Aria Resort, www.cirquedusoleil.com*
- *Wolfgang Puck Pizzeria & Cucina, Crystals, 702 238 1000, $$$$$*
- *Mandarin Oriental, 3752 Las Vegas Blvd S., 702 590 8888, $$$$*
- *Vdara Hotel, 2600 West Harmon Ave, 866 745 7111, $$$$*

Destaques

1. Cassino
2. Aria Resort
3. Crystals at CityCenter
4. Espetáculos
5. Spas
6. Alimentação
7. Mandarin Oriental
8. Coleção de Arte
9. Vdara Hotel
10. Arquitetura

1 Cassino

Contrastando com a luz artificial da maioria dos cassinos, o do Aria Resort é banhado por luz natural. Oferece uma diversidade de jogos e tem salões exclusivos com caça-níqueis de apostas altas e mesas para jogadores especiais.

2 Aria Resort

O Aria Resort *(abaixo)* ostenta 4.004 quartos de alta tecnologia com vista para Vegas e as montanhas vizinhas. O hotel dispõe de quatro piscinas descobertas com tendas, dezesseis restaurantes, dez bares, um spa e um teatro.

3 Crystals at CityCenter

Compras, alimentação e diversão cabem sob um só teto nesse vasto centro de varejo *(acima)*. Entre as lojas de moda estão Tom Ford, Paul Smith e a maior Louis Vuitton da América do Norte. Por todo lado veem-se obras de arte diversas, como a Tree House ("casa na árvore") de três andares, que lembra um ninho, e esculturas de gelo e água.

4 Espetáculos

O CityCenter recebe vários espetáculos empolgantes do Cirque du Soleil, como *Zarkana*, show acrobático de uma produção exclusiva do Aria Resort. Essas montagens requintadas, que já apresentaram *Viva Elvis*, sem dúvida cativam plateias de todas as idades.

5 Spas

Entre os spas do CityCenter estão o Aria, com um jardim aquático; o Vdara, com tratamentos holísticos, e o Mandarin Oriental, que usa técnicas orientais.

6 Alimentação

Existe praticamente qualquer tipo possível de culinária e restaurantes de chefs famosos, como o Wolfgang Puck Pizzeria & Cucina.

7 Mandarin Oriental

Vencedor do Prêmio Cinco Estrelas Forbes de hotelaria, spa e restaurante, o Mandarin Oriental *(abaixo)* é um hotel de 47 andares, sem salões de jogos, com nada menos que 392 suítes e quartos espaçosos e 225 flats de luxo. Os hóspedes se registram no Sky Lobby, no 23º andar, e há uma ponte aérea que liga o hotel ao Crystals, no CityCenter.

8 Coleção de Arte

Por todo o CityCenter existem mostras permanentes de arte. Artistas contemporâneos como Maya Lin, Jenny Holzer, Frank Stella e Richard Long criaram de esculturas e pinturas a instalações enormes que ficam no interior ou ao ar livre.

9 Vdara Hotel

Esse hotel de 57 andares com suítes e um spa *(acima)* está ligado ao Bellagio *(pp. 14-5)* e ao Aria por uma passarela. As suítes contêm tecnologia de ponta e serviço completo de cozinha.

10 Arquitetura

O CityCenter exibe uma arquitetura singular de oito dos mais destacados arquitetos do mundo, como César Pelli. Entre os pontos altos está a fachada do Crystal, de vidro e metal, em forma de quartzo, feita pelo Studio Daniel Libeskind.

Lugar Ecológico

O CityCenter foi construído com um toque de sustentabilidade, com projeto reconhecido pelo US Green Building Council. O Aria é atualmente o maior hotel do mundo com o selo Liderança em Projeto Energético e Ambiental (LEED). Conta com iluminação natural, gerador de calor e força e um programa de reciclagem de grande porte.

Forte mórmon; O Rat Pack; MGM Grand

TOP 10 Eventos Históricos

1 1855: Mórmons Criam Posto Comercial

Habitada por índios durante séculos e descoberta por espanhóis em 1829, a região de Las Vegas só foi ocupada permanentemente em 1855, quando um grupo de mórmons, chefiados por Brigham Young, criou um posto comercial.

2 1931: Jogo Legalizado em Nevada

A branda legislação de jogos aprovada em 1931 no "estado da prata" contou com influente apoio *(acima)*. Aliás, apostas e jogos já estavam disseminados e eram legalizados em certos casos.

3 1935: Represa Boulder Inaugurada por Roosevelt

Maior projeto hidrelétrico do século XX, a represa Boulder (depois Hoover) foi iniciada em 1931 e finalizada quatro anos depois, custando a vida de 96 pessoas *(pp. 10-1)*.

4 Anos 1940: Irrigação e Ar-Condicionado

A capacidade de climatizar os prédios e a vegetação desenvolvida com a irrigação tornaram o deserto de Nevada muito mais atrativo e para os construtores. Em 1941, o hoteleiro Tom Hull, de Los Angeles, comprou terras 5km ao sul do centro por US$150 o acre e construiu o motel El Rancho, de cem quartos – novo conceito de hospedagem.

5 Natal, 1946: Bugsy Siegel Abre o Flamingo Hotel & Casino

Alguns hotéis e motéis seguiram-se ao El Rancho, mas só quando o mafioso Benjamin "Bugsy" Siegel construiu o Flamingo Hotel & Casino o clima de Velho Oeste foi substituído pelo estilo de Miami Beach, que se tornaria marca da Strip.

6 1960: O Rat Pack Chega à Cidade

O extravagante Flamingo foi bastante imitado nos anos 1950, e a diversão teve papel de destaque entre os atrativos dos novos cassinos. Frank Sinatra apresentou-se no Sands Hotel em 1960, com amigos como John F. Kennedy na plateia. Dali em diante Vegas tornou-se território do chamado Rat Pack (Sinatra, Sammy Davis Jr., Dean Martin, Peter Lawford, Joey Bishop, entre outros).

7 1966: Chega Howard Hughes

A Summa Corporation, de Hughes, teve papel importante no setor de hotéis e cassinos no estado de Nevada. Diz a lenda (que compõe boa parte da história de Las Vegas) que o excêntrico bilionário chegou

Veja os melhores hotéis nas **pp. 32-3**

à cidade de limusine e logo foi deixado em sua suíte no Desert Inn, onde viveu em reclusão por anos, sem cortar as unhas e o cabelo.

8 Anos 1990: Começa a Era dos Hotéis Temáticos

Nos anos 1970 e 1980, os hotéis tornaram-se maiores e mais extravagantes. Em 1991, o inovador MGM Grand, o Treasure Island e o Luxor, em forma de pirâmide, lançaram os hotéis temáticos.

9 1998: Inauguração do Bellagio

O hoteleiro Steve Wynn estabeleceu um novo padrão para os hotéis de Las Vegas com o luxuoso Bellagio *(pp. 14-5)*. O antigo dono da rede de hotéis Mirage (vendida para a MGM em 2000) é tido como a força criadora do moderno conceito de resort.

10 2009 em Diante: A Nova Geração de Resorts

Las Vegas é uma cidade dinâmica, sempre em evolução. O futuro próximo verá a inauguração das "cidades" de megarresorts. Empreendimentos como o CityCenter e a revitalização do centro têm servido para ampliar as opções de hospedagem, alimentação e entretenimento.

Bellagio

Moradores Famosos

1 Jerry Lewis
O comediante que formou uma dupla famosa com Dean Martin apresentou-se por muitos anos em Las Vegas.

2 Howard Hughes
O excêntrico bilionário usou sua herança para ganhar ainda mais dinheiro nos setores do cinema e da aviação até se tornar uma potência nos jogos de azar.

3 Liberace
Wladziu Valentino Liberace – ou Mr. Show Business – inaugurou o Riviera em 1955 e nunca voltou atrás.

4 Clara Bow
A estrela do cinema mudo Clara Bow, conhecida como a "It-Girl", viveu em Las Vegas com o marido e ator Rex Bell.

5 Wayne Newton
Em 1957, Newton, aos 15 anos, iniciou a carreira de showman no Fremont. Ainda é visto em eventos na cidade.

6 André Agassi
Nascido em Las Vegas em 1970, Agassi tornou-se um dos maiores (e mais populares) tenistas do mundo.

7 Debbie Reynolds
A atriz de cinema também foi dona de um hotel-cassino e um museu sobre Hollywood.

8 Robert Goulet
O ator e animador brilhou em musicais famosos da Broadway como *Carousel* e *The Man from La Mancha.*

9 Surya Bonaly
A ex-campeã de patinação hoje se apresenta profissionalmente.

10 Phyllis McGuire
A animadora é lembrada com carinho por ter sido do trio McGuire Sisters, que teve sucessos como "Sincerely".

Veja os melhores cassinos nas **pp. 36-7**

The Venetian; New York-New York; Caesars Palace; Excalibur

TOP 10 Hotéis Temáticos

1 The Venetian

Não importa se o Venetian representa Veneza com precisão: a soma das partes do hotel compõe um todo agradável do ponto de vista estético *(pp. 20-1)*.

2 Caesars Palace

Inaugurado em 1966, foi por muito tempo o mais luxuoso hotel da Strip e, diriam alguns, o mais ostentoso. Porém, os tempos mudaram, e o Caesars viu-se forçado a gastar milhões de dólares em reformas para enfrentar os novos competidores. A Barca de Cleópatra – sala de estar flutuante – continua como era, e as deusas dos coquetéis ainda usam toga, mas há novas estátuas no gramado da frente, e o antigo teatro, Circus Maximus, foi renovado. *3570 Las Vegas Blvd S. • Mapa P1-2 • 800 634 6001 • www.caesarspalace.com • $$$$ (veja as categorias de preço na* p. 89*)*

3 Luxor

Uma das obras mais distintas da Strip, a pirâmide de 30 andares do Luxor, guardada por uma esfinge gigante, dá o tom desse resort. No interior há uma réplica do Grande Templo de Ramsés II e andares escalonados até o topo da pirâmide. *Luxor Hotel & Casino, 3900 Las Vegas Blvd S. • Mapa R1 • 702 262 4444 • www.luxor.com • $$*

4 New York-New York

A estátua da Liberdade ergue sua tocha no cruzamento mais movimentado de Las Vegas. Perto dela, os prédios do Empire State, da CBS e da Chrysler se acotovelam com a ponte do Brooklyn, a Grand Central Station e a Biblioteca Pública de Nova York. Apesar da licença arquitetônica, o New York-New York é um lugar empolgante, atento a todo tipo de detalhe. *3790 Las Vegas Blvd S. • Mapa R1-2 • 800 689 1797 • www.newyorknewyork.com • $$*

Hard Rock Hotel

5 Hard Rock Hotel

A enorme placa de guitarra do lado de fora e um lustre gigante com pingentes de saxofone identificam claramente que se trata de um empreendimento da Hard Rock. Por toda a área comum há mostras de recordações do

Apresentação de *The Sirens of TI*

rock 'n' roll – logicamente, o único tipo de música que os hóspedes ouvem por aqui. ⓢ *4455 Paradise Rd • Mapa Q3 • 702 693 5000 • www.hardrockhotel.com • $$$*

6 TI

Esse hotel luxuoso dispõe de piscina com tendas privativas, salas de jogos e banheira de hidromassagem para até 25 pessoas. As apresentações gratuitas de *The Sirens of TI* (toda noite) trazem lutas intrépidas de espada, acrobacias em mergulho e pirotecnia. Os visitantes podem comprar lembranças do TI e do Cirque du Soleil na galeria comercial. Uma passarela liga o hotel ao Fashion Show *(p. 52)*. ⓢ *3300 Las Vegas Blvd S. • Mapa P2 • 702 894 7111 • www.treasureisland.com • $$$*

Circus Circus

7 Planet Hollywood

Vegas vai a Hollywood nesse resort-cassino espantosamente moderno e muito bem localizado, perto do centro e da Strip. Conta com 2.600 quartos com temática de cinema, e as opções de alimentação e festas atraem um público de cinéfilos descolados. Há também um spa, duas piscinas e um teatro de 1.500 lugares. ⓢ *3667 Las Vegas Blvd S. • Mapa Q2 • 866 919 7472 • www.planethollywood resort.com • $$$*

8 Paris Las Vegas

É uma pena, mas a Cidade Luz perde algo nessa recriação em Las Vegas. Ainda assim, a estrutura da Torre Eiffel impressiona; o entregador de bicicleta e um "bonjour" animado do manobrista também são detalhes interessantes. ⓢ *3655 Las Vegas Blvd S. • Mapa Q2*

Paris Las Vegas

• 702 946 7000 • www.parislasvegas.com • $$$

9 Circus Circus

Como o nome insinua, esse hotel-cassino tem o maior circo permanente do mundo e um parque temático coberto de 20 mil m² *(p. 71)*.

10 Excalibur

Um dos primeiros hotéis temáticos (de 1990), ainda está entre os preferidos das crianças. A lenda do rei Artur e seus cavaleiros é um tema que domina os jogos eletrônicos e a capela nupcial, chamada Castle Walk. ⓢ *3850 Las Vegas Blvd S. • Mapa R1-2 • 702 597 7777 • www.excalibur.com • $$*

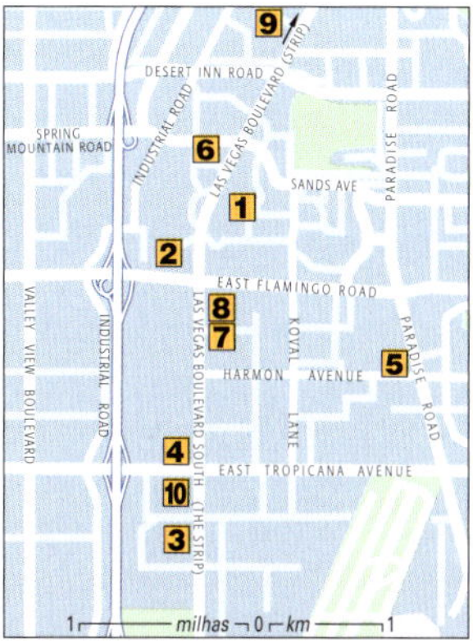

Nas páginas seguintes, **Caesars Palace e as Forum Shops**

GIORGIO ARMANI

MIRAGE
OLIVES

Rampart Casino; Fiesta Rancho; Harrah's Las Vegas

TOP 10 Cassinos

1 Rio All-Suite Hotel & Casino

Garçonetes com trajes brilhantes e esvoaçantes, paleta de cores alegre e pessoal simpático fazem desse lugar um queridinho de moradores e turistas. O cassino também tem a fama de servir a melhor comida da cidade. Videopôquer é o jogo mais popular, talvez porque haja minitevês no alto de algumas máquinas. *3700 W. Flamingo Rd • Mapa P1 • 888 396 2483 • www.riolasvegas.com*

2 Monte Carlo

O prédio reflete sua inspiração europeia, mas o cassino é típico de Las Vegas, com as máquinas e as mesas de jogo de sempre. O clube de caça-níqueis do Monte Carlo, porém, supera a maioria; o clima também parece mais agradável que na maior parte dos cassinos. *3770 Las Vegas Blvd S. • Mapa Q1-2 • 702 730 7777 • www.montecarlo.com*

Monte Carlo

3 Rampart Casino

Esse cassino sofisticado proporciona uma acolhedora experiência com jogos. Entre os pontos altos, uma grande variedade dos populares caça-níqueis e crupiês especializados. *221 N. Rampart Blvd • Mapa A3 • 702 869 7777 ou 877 869 8777 • www.rampartcasino.com*

4 Santa Fe Station

Quem sofre de claustrofobia nos cassinos vai se sentir aliviado no Santa Fe, com teto alto e pequenos grupos de máquinas perto da entrada. Após ampla reforma ganhou um estacionamento maior, infraestrutura moderníssima para apostas em corridas e esportes e mais restaurantes, como o Charcoal Room Steakhouse. *4949 N. Rancho Drive • Mapa A1 • 800 678 2846 • www.stationcasinos.com*

5 Harrah's

Um dos nomes mais respeitados do ramo de jogos, o Caesars acumula mais de uma dúzia de propriedades nos EUA, e o Harrah's se destaca em serviço, comida e ambiente. Tem um dos melhores clubes de caça-níques, no que diz respeito ao preço. Como o cartão do clube pode ser usado em qualquer propriedade do Caesars no país, ele serve bem a quem gosta de jogar em qualquer temporada. *3475 Las Vegas Blvd S. • Mapa P2 • 702 369 5000 • www.harrahs.com*

Veja mais sobre cassinos nas **pp. 88 e 97**

6 M Resort

Dezesseis quilômetros ao sul da Strip, fica numa elevação de 120m, mais alto que qualquer outro hotel-cassino da Strip, e oferece lindas vistas do vale. Esse incrível hotel envidraçado dispõe de jogos em salas e ao lado da piscina, caça-níqueis, videopôquer, sala de pôquer com plateia e salão para altas apostas. *12300 Las Vegas Blvd S., Henderson • 702 797 1000 • www.themresort.com*

O Golden Nugget, na Fremont Street

7 Fiesta Rancho

A decoração não é nada demais, mas as máquinas de caça-níqueis e videopôquer, dizem, são as mais generosas da cidade. Os apostadores podem tentar a sorte sem sair do carro. As lanchonetes ficam perto do salão do cassino, o que é bom para os que não param de jogar. *2400 N. Rancho Drive • Mapa B2 • 702 631 7000 • www.fiestarancholasvegas.com*

8 Golden Nugget

Esse cassino destaca-se de seus vizinhos no centro tanto na clientela quanto no ambiente. Os restaurantes são muito bons, e o cassino é um lugar agradável para jogar enquanto se espera o início da Fremont Street Experience *(p. 79)*, realizada logo em frente. *129 E. Fremont St • Mapa K4 • 800 846 5336 • www.goldennugget.com*

9 Sunset Station

Frequentado de início por moradores, o Sunset Station fica em frente ao shopping Galleria at Sunset. O cassino é luminoso e bem ventilado. Tem uma Kids' Quest (creche) no próprio prédio. *1301 W. Sunset Rd, Henderson • Mapa F6 • 702 547 7777 • www.sunsetstation.com*

Sunset Station

10 Aria Resort

Esse cassino oferece jogos de alta tecnologia, com telas *touch* que exibem resultados de esportes, cardápios de restaurante e mapas interativos. Há também várias salas de jogo privativas. *3730 Las Vegas Blvd S. • Mapa Q1-2 • 866 359 7111 • www.arialasvegas.com*

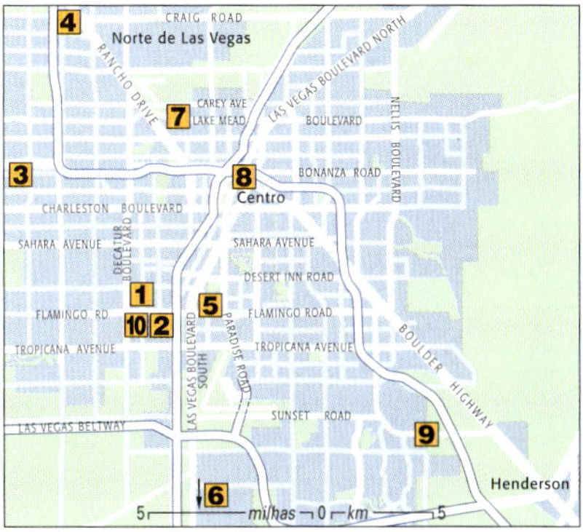

Le rêve – The dream; KÀ; Blue Man Group

TOP 10 Espetáculos

1 O

Montado pelo Cirque du Soleil, *O* é um circo bem diferente dos outros. O espetáculo gira em torno do tema água (daí o nome, como no francês *eau*). Acrobatas, nadadores sincronizados, mergulhadores e personagens apresentam-se na água e acima dela. Sete elevadores hidráulicos sobem e baixam o nível da água durante o show, permitindo mergulhos fantásticos e outras peripécias. *Bellagio, 3600 Las Vegas Blvd S. • Mapa Q1-2 • Ingressos 888 488 7111*

***O*, do Cirque du Soleil**

2 Mystère

Criado especialmente para o TI, *Mystère* é um circo encantador que – como todas as produções do Cirque du Soleil – tem um toque místico. Os trajes são inovadores e pitorescos, e aliados a acrobacias arrojadas, danças inspiradoras e iluminação feérica, criam uma experiência sensorial formidável. *TI, 3300 Las Vegas Blvd S. • Mapa P2 • Ingressos 800 392 1999 ou 702 894 7722*

3 Penn & Teller

Chamados "bandidos da mágica" por supostamente revelarem os segredos dos truques, Penn & Teller rompem com todas as regras da magia nesse show. Intensos, provocantes e hilários, os atos podem contar com facas, armas de fogo, uma vedete que engole fogo ou um pato. O espetáculo depende muito da participação da plateia – os espectadores são convidados a subir no palco para ajudar nos números. *Rio All-Suite Hotel & Casino, 3700 W. Flamingo Rd • Mapa P1 • 702 777 7776*

***Mystère*, TI**

4 KÀ

Esse espetáculo teatral inovador do Cirque du Soleil apresenta acrobacias, artes marciais, marionetes, multimídia e pirotecnia. O divertido show, cheio de cores, foi inspirado na crença egípcia no "kà", um corpo espiritual invisível que acompanha a pessoa a vida inteira. Esse tema desdobra-se numa fá-

Veja mais sobre espetáculos nas **pp. 118-9**

bula empolgante sobre dois gêmeos da realeza que empreendem uma viagem perigosa por terras místicas. Enfrentam muitos desafios, que devem ser superados antes que cumpram o seu destino. Com efeitos de computador deslumbrantes e 180 artistas, o palco ganha vida com uma labareda de fogo e fantasia. *MGM Grand, 3799 Las Vegas Blvd S. • Mapa R2 • 702 531 3826 ou 866 740 7711 (ligação gratuita) • www.ka.com*

5 Le Rêve – The Dream

Le rêve (*O Sonho*) retrata um mundo pitoresco habitado por personagens impressionantes. Ambientado à volta de uma piscina de 8m, o espetáculo contém acrobacias de tirar o fôlego, coreografia provocante e ginástica artística. Música ao vivo e efeitos requintados envolvem a plateia num mundo de fantasia, aventura e mistério *(p. 22)*. *Wynn Las Vegas, 3131 Las Vegas Blvd S. • Mapa N2 • 702 770 9966*

6 Jubilee!

Jubilee! exibe coristas que não só são belíssimas como dançam muito bem. O espetáculo oferece uma mistura eficaz de números e atos especializados, trajes fascinantes e belas canções. Os efeitos especiais também são maravilhosos, como o do *Titanic* naufragando. *Bally's, 3645 Las Vegas Blvd S. • Mapa Q2 • 702 946 4567*

7 Blue Man Group

Diferente, engraçado, inovador e com uma energia contagiante, esse show é em parte mostra artística e em parte uma festa. Com humor, percussão, tinta e tecnologia, agrada tanto a crianças quanto a adultos. *Monte Carlo, 3770 Las Vegas Blvd S. • Mapa Q1-2 • 800 258 3626*

***Jubilee!*, Bally's**

8 The Beatles Love

O Cirque du Soleil alia sua magia ao espírito exuberante e à música atemporal da banda mais querida do planeta. *The Mirage, 3400 Las Vegas Blvd S. • Mapa P1-2 • 702 792 7777 ou 800 963 9634*

9 Absinthe

Esse show para adultos mistura carnaval e espetáculo, exibindo números malucos e excêntricos acompanhados de humor ousado, em teatro de arena. A plateia fica impressionada com os números realizados num palco a poucos metros de distância. *Caesars Palace, 3570 Las Vegas Blvd S. • Mapa P1-2 • 800 745 3000*

10 Mac King Comedy Magic Show

Um dos mágicos mais divertidos e talentosos de Las Vegas, Mac King fascina a plateia e também a faz rolar de rir. Seu espetáculo inclui truques de cordão, um "manto de invisibilidade", teatro de sombras e peixes ornamentais. *Harrah's, 3475 Las Vegas Blvd S. • Mapa P2 • 702 369 5222*

Veja diversão gratuita na **p. 76**

Thomas & Mack Center; Le Théâtre des Arts; The Smith Center for the Performing Arts

TOP 10 Música, Teatro e Esportes

1 Hollywood Theater and Grand Garden Arena

Estrelas como Tom Jones e David Copperfield e artistas como Sting e a banda Aerosmith aparecem com regularidade no Hollywood Theater *(abaixo)*, de 630 lugares. A Garden Arena, local bem maior (15.200 lugares) de eventos especiais da MGM, é usada para shows de superestrelas, eventos esportivos importantes e outros espetáculos. Recebeu o muito divulgado Concerto do Milênio de Barbra Streisand, no Ano-Novo de 1999, cujos ingressos custaram até US$2.500. *✆ MGM Grand Hotel, 3799 Las Vegas Blvd S. • Mapa R2 • 800 646 7787*

2 Mandalay Bay Events Center

Luciano Pavarotti inaugurou em 1999 esse centro de eventos de 12 mil lugares. Desde essa data, artistas tão diferentes quanto Andrea Bocelli (com a Orquestra Sinfônica Russa), Ricky Martin e Bette Midler passaram por esse palco. O Mandalay Bay Center foi excepcionalmente eclético ao apresentar, no mesmo mês, o combate de pesos-pesados entre Evander Holyfield e John Ruiz, o espetáculo *Kisses on ice*, da patinadora Katarina Witt, e o canto de Andrea Bocelli. *✆ Mandalay Bay, 3950 Las Vegas Blvd S. • Mapa R2 • 877 632 7800*

3 The Showroom at Planet Hollywood

O teatro de 1.500 lugares do Planet Hollywood Resort & Casino *(p. 33)* foi reformado para o show permanente *Peepshow*. Antes, o local ganhou fama por produções como *Forever swing*, o musical da Broadway *Fosse* e *Les misérables*. *✆ Planet Hollywood Resort & Casino, 3667 Las Vegas Blvd S. • Mapa Q2*

4 Sam Boyd Stadium

Erigido em 1971, o estádio abriga alguns dos maiores eventos de diversão e esporte do país. Entre os anuais estão as Monster Jam World Finals e os USA Sevens. *✆ 7000 E. Russell Rd • Mapa F5 • 702 895 3900*

5 The Smith Center for the Performing Arts

Dotado de uma sala com 2.050 lugares e acústica formidável, palco de jazz de cabaré e teatro aconchegante, o Smith Center apresenta temporadas inteiras de espetáculos de dança e música, além de shows da Broadway. Reserve um tempo para visitar o Symphony Park, defronte da sala, e dê uma espiada nas obras de arte dentro do Smith Center. *✆ 361 Symphony Park Ave • Mapa K3 • 702 749 2000*

Veja mais sobre diversão nas **pp. 118-9**

6 Artemus W. Ham Concert Hall

Do outro lado do pátio do Judy Bayley Theatre, a Artemus W. Ham Concert Hall está num prédio elegante que serve a apresentações de músicos e bailarinos renomados tanto no país como no exterior. O violinista Itzhak Perlman e o Balé Bolshoi estão entre as atrações que se apresentaram no local. *University of Nevada Las Vegas, S. Maryland Parkway • Mapa Q4 • 702 895-ARTS*

7 Thomas & Mack Center

Feito de início para basquete universitário, hoje o Thomas & Mack Center é sede de várias equipes semiprofissionais. Entre elas estão Las Vegas Sting e Las Vegas Gladiators, ambas da liga de futebol americano de arena, e os Las Vegas Bandits, da Liga Internacional de Basquete. Além disso, as Finais Nacionais de Rodeio são realizadas anualmente nesse ginásio, atraindo dezenas de milhares de fãs. Shows para famílias são tão procurados quanto os eventos esportivos. *University of Nevada Las Vegas, S. Maryland Parkway • Mapa Q4 • 702 895 2787*

8 Orleans Showroom

O teatro, que comporta 850 espectadores, apresenta várias estrelas por mês. A lista de artistas tem muitos medalhões do passado: Jerry Lewis, Willie Nelson, The Temptations, Roy Clark, REO Speedwagon e Crystal Gayle, para citar poucos. *Orleans Hotel & Casino, 4500 W. Tropicana • Mapa B4 • 702 365 7111*

9 Le Théâtre des Arts

De estilo parisiense, esse teatro abriu em 1999 e recebeu grandes nomes, como Dennis Miller, Bobby Vinton, Earth, Wind and Fire e os Moody Blues. Em 2008, apresentou a montagem da Broadway *The producers*. *Paris Las Vegas, 3655 Las Vegas Blvd S. • Mapa Q2 • 877 374 7469*

10 Clark County Amphitheater

Esse anfiteatro ao ar livre é o palco de uma programação popular e eclética, da série Jazz in the Park ao festival Reggae in the Desert, além de vários eventos que mudam todo ano. O local é popular para almoços tanto entre funcionários dos prédios vizinhos quanto entre moradores de Las Vegas e turistas. *500 S. Grand Central Parkway • Mapa K3 • 702 455 8200 • Eventos divulgados pela imprensa local*

Símbolo do Clark County Amphitheater

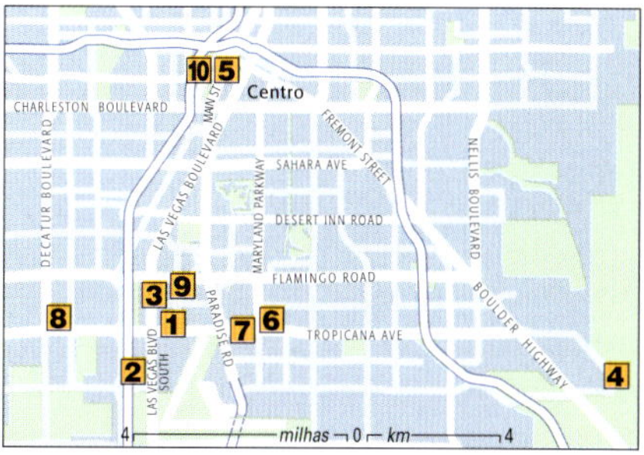

Veja diversão gratuita na **p. 76**

TAO Nightclub; Eyecandy Sound Lounge; Pure at Caesars

TOP 10 Casas Noturnas e Lounges

1 TAO Nightclub

O TAO original, bistrô asiático de Nova York lotado de celebridades, ganha versão à la Vegas no Venetian *(pp. 20-1)*. Cascatas, estátuas enormes de Buda e uma praia artificial são os traços principais da boate com tema asiático. Nas noites de sábado, a piscina do TAO transforma-se em ponto noturno exótico, com direito a show de luzes e lanternas chinesas flutuantes na piscina. É comum encontrar DJs famosos tocando por ali. Beba num dos três bares ou aproveite a vista magnífica no terraço. O TAO lota nos fins de semana; reserve mesa antes. *The Venetian, 3355 Las Vegas Blvd S. • Mapa P2 • 702 388 8588 • Aberto 22h-5h qui-sáb • Entrada paga*

Ghostbar

Vanity

2 1 OAK

Preferida das celebridades, a OAK, de 1.500m², tem duas salas, um sistema de som avançado e treze pinturas do artista Roy Nachum. A decoração e o design da boate são cheios de detalhes e o serviço é considerado um dos melhores de Las Vegas. *The Mirage Hotel & Casino, 3400 Las Vegas Blvd S. • Mapa P1-2 • 702 588 5656 • Aberto 22h30-4h ter, sex e sáb • Entrada paga*

3 Drai's

A Drai's, repleta de livros, é a única boate de Vegas que abre apenas de madrugada. Lareira, cadeiras estofadas e palmeiras em vasos garantem o clima de intimidade. Com alguns dos melhores DJs do mundo tocando de tecno a ritmos latinos, a festa em geral continua depois de o sol raiar. *Bill's Gamblin' Hall & Saloon, 3593 Las Vegas Blvd S. • Mapa P2 • 702 737 0555 • Aberto a partir de 1h qui-dom*

4 Lavo Nightclub

A área VIP elevada, as paredes de couro gravado em relevo e os nichos de pastilhas espelhadas são os destaques da decoração dessa boate pequena mas popular, tida como uma das mais animadas de Las Vegas. *The Palazzo, 3325 Las Vegas Blvd S. • Mapa P2 • 702 791 1800 • Aberto 23h-4h dom, ter e qua, 22h30-4h sex e sáb • Entrada paga*

Veja mais sobre música ao vivo nas **pp. 40-1**

Tryst

5 Eyecandy Sound Lounge

Um bar de visual fascinante no centro do cassino principal do Mandalay Bay. Um caleidoscópio de cores anima tudo, das cortinas à pista de dança. *Mandalay Bay, 3950 Las Vegas Blvd S. • Mapa R1 • 702 632 7777 • Aberto a partir das 18h diariam*

6 Tryst

Essa boate da moda está num dos megarresorts de Las Vegas, no centro da Strip. O traje é o chique informal, e são terminantemente proibidos bonés, jeans largos ou roupas esportivas. Para reservar mesa, exige-se a compra de uma garrafa de bebida alcoólica. *Wynn Las Vegas, 3131 Las Vegas Blvd S. • Mapa N2 • 702 770 3375 • Aberto 22h-4h qui-sáb • Entrada paga*

7 MARQUEE

Essa danceteria enorme tem sete bares e três salões, cada um com um tema – Main Room, Boombox e The Library. A cabine do DJ, com LEDs, se destaca na Main Room. *The Cosmopolitan, 3708 Las Vegas Blvd S. • Mapa Q1 • 702 333 9000 • Aberto a partir das 22h seg, qui-sáb • Entrada paga*

8 Pure at Caesars

Uma superboate de três pisos de propriedade do inovador Angel Management Group. Dispõe de serviço VIP de luxo e atrai as pessoas mais estilosas da Strip. Camas enormes e suntuosas rodeiam a pista de dança principal, e um amplo terraço ao ar livre garante ótima vista. *Caesars Palace, 3570 Las Vegas Blvd S. • Mapa P1 • 702 731 7873 • Aberto 22h-4h ter, qui-dom*

9 Vanity

Espelhos antigos e cristais cortados à mão adornam as paredes dessa danceteria luxuosa. Veludo e cetim são os tecidos preferidos, e há dois bares de mármore, uma pista de dança rebaixada e cabines VIP íntimas. *Hard Rock Hotel, 4455 Paradise Rd • Mapa Q3 • 702 693 5555 • Aberto 22h-4h sex-dom • Entrada paga*

10 Ghostbar at Palms

Uma das casas noturnas mais futuristas e estilosas da cidade, o Ghostbar é mais conhecido pelo "deque fantasma", com linda vista a 55 andares da piscina do hotel. Atrai jovens. *Palms Casino Resort, 4321 Flamingo Rd W. • Mapa B4 • 702 942 6832 • Aberto a partir das 20h toda noite • Entrada paga*

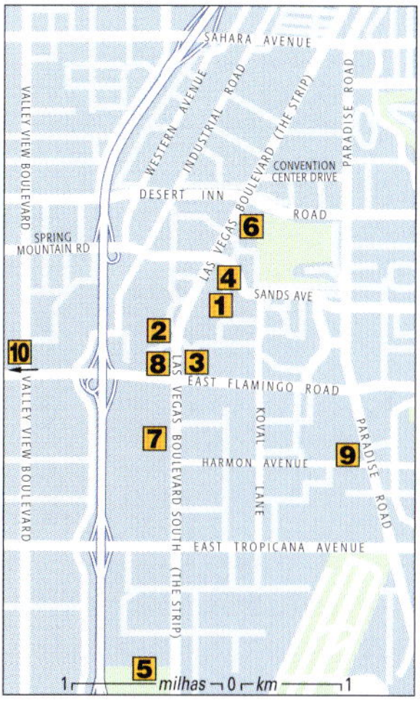

Madame Tussauds; Las Vegas Natural History Museum; Bellagio Gallery of Fine Art

TOP 10 Museus e Galerias

1 Bellagio Gallery of Fine Art

Essa ótima galeria realiza exposições temporárias de obras e objetos dos séculos XIX e XX vindas de coleções internacionais. *Bellagio, 3600 Las Vegas Blvd S. • Mapa Q1-2 • 877 957 9777 • Aberta 10h-20h diariam • Entrada paga • www.bellagio.com*

2 Madame Tussauds

Fique perto do seu artista preferido nesse famoso museu de estátuas de cera. Para terem mais autenticidade, muitos dos objetos e roupas são comprados em leilões de celebridades. *The Venetian, 3377 Las Vegas Blvd S. • Mapa P2 • 702 862 7800 • Aberto 10h-21h30 dom-qui, 10h-22h30 sex-sáb • Entrada paga*

Elvis, Madame Tussauds

3 Discovery Children's Museum

Situado no centro de Las Vegas, o Discovery Children's Museum tem três andares e 5.388 m² repletos de brinquedos educativos para crianças e famílias. Há ainda nove galerias de exposição e um pico de 18m de altura para escalada. *Donald W. Reynolds Discovery Center, 360 Promenade Place, Symphony Park • Mapa K3 • Entrada paga • www.now2wow.org*

4 Atomic Testing Museum

Nevada teve a primeira instalação de testes nucleares dos EUA, de 1951 a 1992. Esse museu conta a história da era atômica com artefatos e recriações do período da Guerra Fria. O Ground Zero Theater é uma réplica do *bunker* que exibe aos visitantes um filme de explosão atômica, acompanhado de sons, ar quente e vibrações. A estação meteorológica de Las Vegas fica do lado de fora. *755 E Flamingo Rd • Mapa Q4 • 702 794 5151 • Aberto 10h-17h seg-sáb, 12h-17h dom • Entrada paga • www.atomictestingmuseu.org*

Marjorie Barrack Museum

Veja mais sobre atrações para crianças nas **pp. 66-7**

5 Nevada State Museum and Historical Society

Esse museu tem um acervo que inclui amostras das minas de Nevada e da vida silvestre do estado, trajes de vedetes de Las Vegas e uma ficha de US$25 mil do Dunes Hotel. ✆ *309 S. Valley View Blvd, na Springs Preserve • Mapa C3 • 702 486 5205 • Aberto 10h-18h sex-seg • Entrada paga*

6 Neon Museum

As placas de neon são arte nesse museu. O acervo oferece uma coleção fascinante e eclética de letreiros externos que lançam uma luz esclarecedora sobre a história de Las Vegas. As placas vão dos anos 1930 à atualidade. ✆ *Mapa D2-3 • 702 387 6366 • Ligue para agendar passeios guiados • Entrada paga • www.neonmuseu.org*

7 Las Vegas Natural History Museum

Dentre os destaques estão uma sala de animais de todo o mundo, um centro de investigação interativa para crianças e uma galeria de vida marinha. A mostra Treasures of Egypt exibe réplicas de objetos da antiga vida egípcia. ✆ *900 Las Vegas Blvd N. • Mapa J5 • 702 384 3466 • Aberto 9h-16h diariam • Entrada paga • www.lvnhm.org*

8 Clark County Heritage Museum

Esse museu incomum tem prédios históricos trazidos de vários pontos do estado, além de objetos contemporâneos regionais. ✆ *1830 S. Boulder Hwy, Henderson • Mapa G6 • 702 455 7955 • Aberto 9h-16h30 diariam • Entrada paga*

9 Las Vegas Springs Preserve

A Springs Preserve explora a história de Las Vegas com mostras, jardim botânico, trilhas, espetáculos com animais, galerias, aulas e eventos para a família. ✆ *333 S. Valley View Blvd com US 95 • Mapa C3 • 702 822 7700 • Aberto 10h-18h diariam • Entrada paga*

10 Marjorie Barrick Museum

O museu conta com amplo acervo de arte contemporânea e etnográfica, que abrange 2 mil anos e tem artesanato da Mesoamérica. O Xeriscape é um arboreto de plantas de clima árido. ✆ *UNLV Campus • Mapa Q4 • 702 895 3381 • Aberto 10h-18h ter, qua e sex, 10h-20h qui, 10h-16h sáb e dom • Grátis*

Dinossauro, Natural History Museum

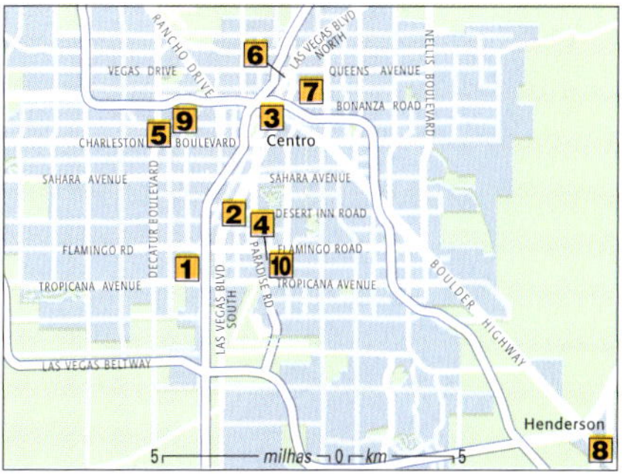

Oscar's; Joël Robuchon Restaurant; Pamplemousse

TOP 10 Restaurantes Gourmet

1 Andre's

Esse restaurante conjuga com muita competência o charme do Velho Mundo e a modernidade. Entre os pratos da casa há carneiro com berinjela, parmesão e gratin dauphinois (batata com queijo cremoso e molho de alho). O serviço é cortês, e Andre Rochat comanda a cozinha. *Monte Carlo, 3770 Las Vegas Blvd S. • Mapa Q1-2 • 702 798 7151 • $$$$$ (veja as categorias de preço na* p. 90)

2 Pamplemousse

Com cestas de flores naturais nas mesas e nichos decorados com cerâmica e utensílios de cobre, a Pamplemousse ("grapefruit", em francês) lembra um salão de refeições provençal. O jantar começa por uma cesta de legumes frescos da estação. As entradas incluem medalhões de vitela em molho cremoso de mostarda e pato assado em vinho tinto e molho de rum. *400 E. Sahara Ave • Mapa M3 • 702 733 2066 • $$$$$*

3 Picasso

O salão é requintado, com Picassos originais nas paredes e, no chão, uma tapeçaria desenhada pelo filho do artista, Claude. O chef espanhol Julian Serrano cria pratos franceses contemporâneos com toque ibérico. Entre as delícias, salada de lagosta, bife salteado de foie gras, vieira dourada na panela e filé salteado de halibute. *Bellagio, 3600 Las Vegas Blvd S. • Mapa Q1-2 • 702 693 7223 • $$$$$*

Picasso

4 Joël Robuchon Restaurant

Festa para o palato e os olhos, a comida desse restaurante notável é sobretudo francesa com influência asiática e espanhola. Entre as pedidas da casa está Le Caviar, refeição de três pratos: cuscuz fino com caviar de ossetra, creme suave de couve-flor e geleia delicada de aspargo-verde. *MGM Grand, 3799 Las Vegas Blvd S. • Mapa R2 • 702 891 7925 • $$$$$*

5 Oscar's

Instalado na icônica cúpula do Plaza Hotel-Casino, a Oscar's Steakhouse tem carnes maturadas com perfeição, acompanha-

Veja mais sobre restaurantes nas **pp. 48-9, 82, 90, 96 e 106**

mentos preparados na hora, receitas de família e coquetéis artesanais. A decoração é retrô-moderna, com recordações únicas daquele que dá nome ao restaurante, o ex-prefeito de Las Vegas Oscar Goodman. ⓢ *Plaza Hotel-Casino, 1 Main St • Mapa J4 • 702 386 7227 • $$$$$*

6 Little Buddha

Opulência é a ordem do dia nesse restaurante com sofás de veludo vermelho, candelabros e cerca de 200 estátuas reluzentes de Buda. O ambiente sereno permite um jantar tranquilo, e a culinária de fusão asiática conta com uma mistura de frutos do mar, frango, carne bovina e de porco. Não perca o formidável bolo de chocolate. ⓢ *Palms Casino Resort, 4321 Flamingo Rd W. • Mapa B4 • 702 942 7778 • $$$$*

7 Prime Steakhouse

O chef-celebridade Jean-Georges Vongerichten eleva a comida de churrascaria a novos patamares. Bisteca com pimenta shishito (verde) e couve-de-bruxelas caramelizada com abóbora assada é um prato exclusivo da casa. ⓢ *Bellagio, 3600 Las Vegas Blvd S. • Mapa Q1 • 702 693 7111 • $$$$*

8 Mon Ami Gabi no Paris Las Vegas

Os destaques do cardápio nesse autêntico bistrô parisiense de estilo barroco são sopa de cebola, steak frites (bife com fritas) e crepe de morango. Coma no terraço, ao ar livre, com linda vista da Strip. ⓢ *Paris Las Vegas, 3655 Las Vegas Blvd S. • Mapa Q2 • 702 944 4224 • $$$*

9 Roy's

O cardápio desse restaurante premiado oferece a inovadora culinária da orla do Pacífico. Entre os pratos, na maioria de frutos do mar, estão garoupa com crosta de gergelim, arroz de coco e legumes, e filé mignon grelhado na brasa com batata ao gengibre. Há menu infantil. ⓢ *620 E. Flamingo Rd • 702 691 2053 • $$$$$*

Prime Steakhouse

10 Bradley Ogden

Suas papilas gustativas esperam por um banquete nesse restaurante refinado do chef Bradley Ogden, de São Francisco. Os ingredientes chegam todo dia de avião para criar pratos inovadores, como halibute com brotos de abóbora recheados. As sobremesas são divinas. ⓢ *Caesars Palace, 3570 Las Vegas Blvd S. • Mapa P1-2 • 702 731 7410 • $$$$$*

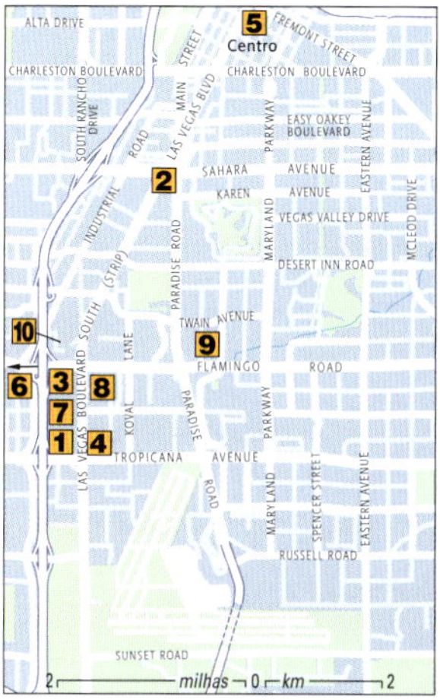

Veja as categorias de preço na **p.90**

Placas de bufês de consumo ilimitado; Carnival World Buffet

Top 10 Bares de Salada, Bufês e Brunches

1 Village Seafood Buffet

Esse bufê teve sucesso imediato quando abriu, em 1997, e continua um dos preferidos dos moradores de Vegas. Cauda de lagosta, camarão, marisco e outros frutos do mar chegam de avião todo dia e ficam em água salgada; o churrasco mongol de frutos do mar é muito bom. *Rio All-Suite Hotel & Casino, 3700 W. Flamingo Rd • Mapa P1 • 888 396 2483 • $$$*

2 Carnival World Buffet

Boa parte da diversão é ver os chefs no trabalho, traduzindo sabores do Brasil, do Oriente, da Itália, do México e dos EUA para um repertório surpreendente de mil receitas. *Rio All-Suite Hotel & Casino, 3700 W. Flamingo Rd • Mapa P1 • 888 396 2483 • $$*

3 Sterling Brunch

O Sterling deve ser o brunch mais caro da cidade, mas compete com qualquer um do mundo em qualidade e imaginação. Em meio a mais de vinte entradas, há musse de prosciutto com framboesa, caviar com blinis quentes e gazpacho de lagosta. Salmão grelhado em massa folhada com camarão e musseline de espinafre é a estrela da temporada, enquanto a rabanada com sorvete de canela compõe o *grand finale*. Reserva obrigatória. *Bally's, 3645 Las Vegas Blvd S. • Mapa Q2 • 702 967 4661 • $$$$*

4 Bellagio Buffet

Bufê enorme e suntuoso que oferece mais de 60 pratos, de chineses a italianos e de japoneses à nova culinária americana. Entre as especialidades, todo tipo de camarão, peito de pato selvagem e cervo assado. Reserve espaço para o saborosíssimo cheesecake ou os divinos morangos em calda de chocolate. *Bellagio, 3600 Las Vegas Blvd S. • Mapa Q1-2 • 888 987 6667 • $$$*

5 Sweet Tomatoes Salad Bar

O tranquilo interior verde e branco e delícias como omelete ao gosto do freguês e batata recheada distinguem esse bar de saladas. As opções de molhos são inúmeras e os ingredientes, bem frescos. O chilli feito na casa é estupendo. *375 N. Stephanie St • Mapa E6 • 702 933 1212 • $*

Sweet Tomatoes Salad Bar

Veja mais sobre restaurantes nas **pp. 82 e 90**

Golden Nugget Buffet

6 Flavors Buffet

O grupo Caesars de hotéis-cassinos é famoso pela comida excelente. Ainda que os pratos do Flavors Buffet não sejam tão incomuns quanto os de concorrentes, o padrão de preparo e o serviço são sempre de alto nível. Os conhecedores preferem as saladas e as sobremesas, extremamente apetitosas. ⊗ *Harrah's, 3475 Las Vegas Blvd S. • Mapa P2 • 702 693 6060 • $$*

7 The Buffet at TI

Esse bufê oferece uma seleção de churrasco, pizza, grelhados e criações asiáticas, além de grande variedade de sushi. Há também uma padaria com várias opções de sobremesa. ⊗ *TI, 3300 Las Vegas Blvd S. • Mapa P2 • 702 894 7111 • $$*

8 Studio B Buffet

Integrado a um restaurante chique com a cozinha à vista, esse bufê é diferente de todos em Las Vegas. O restaurante, com 600 lugares, serve das melhores sobremesas de pâtisserie, como o popular minicrème brûlée, além de suflês de chocolate, biscoitos e tortas. ⊗ *The M Resort, 12300 Las Vegas Blvd S., Henderson • Mapa P4 • 702 797 1000 • $$*

9 Golden Nugget Buffet

Existem cerca de 60 bufês em Las Vegas, e a maioria tem uma decoração de gosto duvidoso. O ambiente do Nugget contradiz a regra. Os pratos também agradam – prove o peru desossado e o pudim de pão à moda antiga. ⊗ *Golden Nugget Hotel, 129 Fremont St • Mapa K4 • 702 385 7111 • $$*

10 Le Village Buffet

Uma mistura inovadora de quitutes no Paris Las Vegas, incluindo omeletes, queijos importados, bouillabaisse, bisque de cogumelo silvestre, carneiro, veado, filé de costela e camarões enormes, seguidos por uma profusão de sobremesas de inspiração francesa. ⊗ *Paris Las Vegas, 3655 Las Vegas Blvd S. • Mapa Q2 • 702 946 7000 • $$*

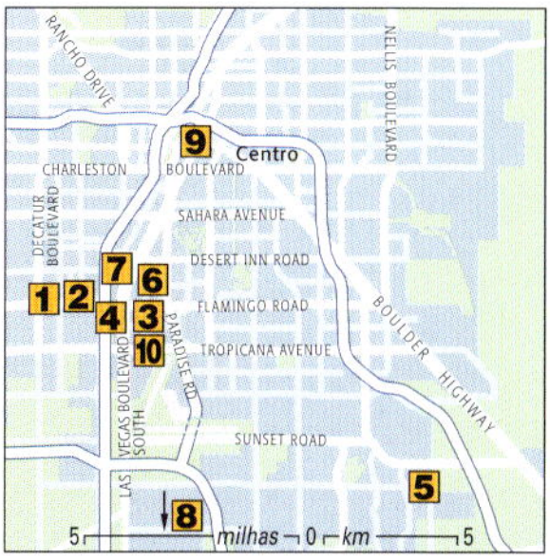

Veja as categorias de preço na **p.90**

Little Church of the West; Casal no Viva Las Vegas; Letreiro de divulgação

TOP 10 Capelas Matrimoniais

1 Capelas Matrimoniais do Bellagio

As duas capelas do Bellagio compõem um dos lugares mais elegantes e românticos de Las Vegas. Ambas têm vitral atrás do altar, e os tons pastel do mobiliário são complementados por luminárias ornamentadas e lustres de ametista e vidro veneziano. Há serviços personalizados para reservar quartos e planejar o casamento e a recepção. ⊘ *Bellagio, 3600 Las Vegas Blvd S. • Mapa Q1-2 • 702 693 7700, 888 987 3344*

2 Viva Las Vegas

Essa capela é conhecida pelo tema de Elvis e pelos casamentos tradicionais, além das cerimônias que têm panoramas como o do Red Rock Canyon. Estrelas como Angelina Jolie e Matt LeBlanc já estiveram no local. ⊘ *1205 Las Vegas Blvd S. • Mapa L3 • 702 384 0771*

3 Little Church of the West

A Little Church abriu em 1942, o que a torna a mais antiga capela matrimonial da cidade. É a favorita das estrelas: Zsa Zsa Gabor e George Saunders, Angelina Jolie e Billy Bob Thornton e a modelo Cindy Crawford e o ator Richard Gere se casaram aqui. ⊘ *4617 Las Vegas Blvd S. • Mapa C5 • 702 739 7971*

4 Templos Judaicos

Pouquíssimas igrejas e sinagogas, ao contrário das capelas nupciais, realizam cerimônias sem agendamento. As exigências para o casamento variam de uma congregação para outra. Contate o Temple Beth Sholom para mais informações. ⊘ *Temple Beth Sholom (da União Conservadora), 10700 Havenwood Ln • 702 804 1333*

5 Christ Church Episcopal

Essa igreja episcopal tradicional é a mais próxima da Strip. Lembre-se de que as igrejas da Diocese Episcopal de Nevada exigem encontros pré-nupciais com o reitor da igreja. ⊘ *2000 S. Maryland Parkway • Mapa M4 • 702 735 7655*

6 Salões de Casamento no Wynn

O Wynn de Las Vegas tem três salões nupciais – dois internos e um externo. Para os casais

Salões de casamento no Wynn

Veja mais sobre casamentos em Las Vegas nas **pp. 120-1**

que não querem muito estresse, há sete pacotes matrimoniais, do simples ao superluxuoso. ✆ *Wynn Las Vegas, 3131 Las Vegas Blvd S. • Mapa N2 • 702 770 7400*

7 Canterbury Wedding Chapels

Crie sua versão de Camelot casando-se com seu cavaleiro de armadura reluzente em uma das capelas de estilo medieval do Excalibur. Quem deseja um casamento histórico não deve desanimar por não ter um vestido de baile ou uma armadura: há boa variedade de trajes femininos e masculinos para alugar. Também se faz renovação de votos para os já casados. ✆ *Excalibur, 3850 Las Vegas Blvd S. • Mapa R1-2 • 702 597 7278*

8 Island Wedding Chapel

Localizada no Tropicana, essa capela oferece cerimônias nupciais num paraíso tropical. A capela recebe muitos convidados, enquanto a Island Arbor e a Arbor Courtyard oferecem ambiente mais íntimo. Existem diversos pacotes, que atendem a vários sonhos de casamento. ✆ *3801 Las Vegas Blvd S. • Mapa R2 • 702 739 2451 ou 800 280 1187*

9 A Little White Wedding Chapel

Essa capela representa o que é para muitos o máximo de Las Vegas – ela ganhou a reputação de realizar casamentos bem incomuns. Foi nela, na primavera de 2001, que ocorreu um casamento em massa oficiado por diversos sósias de Elvis Presley. Para a noiva e o noivo que reagem a um impulso maluco ou que estiverem com pressa, a Little White Wedding Chapel oferece o único *drive-thru* de casamentos no mundo. O posto não fecha nunca, e

A Little White Wedding Chapel

não é necessário marcar hora: basta dar o ar da graça... e se casar. ✆ *1301 Las Vegas Blvd S. • Mapa L4 • 702 382 5943 • www.alittlewhitechapel.com*

10 Cerimônias em Balão

Uma empresa de balões e A Little White Wedding Chapel colaboram para realizar casamentos no céu durante o inverno. O balão perambula acima dos neons de Las Vegas enquanto são consumados os laços matrimoniais. ✆ *Little White Chapel in the Sky • 702 382 5943*

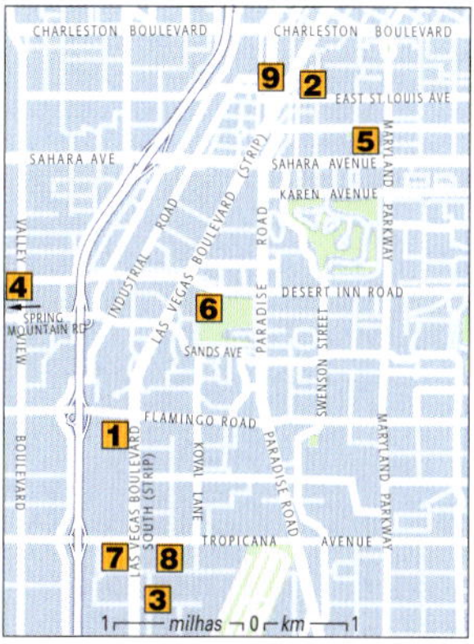

Canal Shoppes; Fashion Show

TOP 10 Compras

1 Forum Shops no Caesars

As Forum Shops se sucedem nos prédios do Caesars Palace ao longo de ruas pseudorromanas caracterizadas por lojas com fachadas de dois andares encimadas por estátuas de senadores romanos. Além de artigos da Europa, encontra-se a linha americana em lojas como Banana Republic, Ann Taylor e Houdini's Magic Shop. Nas festas de fim de ano, as Forum Shops atraem mais gente. Uma ampliação criou mais 16,2 mil m² de espaço e novos andares *(pp. 26-7)*.

2 Via Bellagio

Uma simples caminhada pela Via Bellagio *(p. 15)* já é uma experiência inesquecível. As butiques são tão luxuosas que chegam a intimidar: mesmo que você não ouse entrar, ao menos as fachadas da Fendi, da Chanel, da Gucci e de outras lojas são suficientemente grandes para que se enxergue lá dentro. As vitrines da Tiffany's cintilam, ainda mais durante as festas de fim de ano. *Bellagio, 3600 Las Vegas Blvd S. • Mapa Q1-2*

3 Miracle Mile Shops

A moda britânica da French Connection, a roupa casual da Urban Outfitters e os lindos acessórios da Pashmina by Tina estão nesse local. Além de 170 lojas especializadas, você tem a Club Tattoo, com ótimos tatuadores. *No Planet Hollywood Resort and Casino, 3667 Las Vegas Blvd S. • Mapa Q2*

4 Fashion Show

Esse paraíso para consumidores de luxo ostenta as lojas de departamentos Saks Fifth Avenue e Nordstrom. O shopping também realiza desfiles e eventos de moda. *3200 Las Vegas Blvd S. • Mapa N2*

5 Galleria at Sunset

Um dos shoppings residenciais da cidade, a Galleria at Sunset oferece lojas de departamentos e serviços corriqueiros, como limpeza gratuita de joias, ajustes de alfaiataria, cabeleireiro, tratamentos de beleza, reparo de calçados e joias, embrulhos de presentes e selos postais. *1300 W. Sunset Rd, Henderson • Mapa E5*

Via Bellagio

Veja mais sobre compras nas **pp. 54-5 e 116**

6 Crystals, no CityCenter

Com a maior concentração de lojas de estilistas famosos do mundo, essa área comercial de alto padrão atrai turistas a lojas como Prada, Gucci, Ermenegildo Zegna e Dolce & Gabbana. Outras lojas existem só em Las Vegas, como a Assouline, livraria dedicada à arte e à cultura. *3720 Las Vegas Blvd S. • Mapa Q1-2*

7 Grand Canal Shoppes, no The Venetian

Situada no segundo andar do resort The Venetian *(pp. 20-1)*, as Grand Canal Shoppes enfatizam a elegância europeia. Entre os artigos requintados vendidos nas lojas estão renda feita à mão, vidraria e máscaras, todos de Veneza, além de sedas, calçados e joias de vários países europeus. Uma parte do prazer de fazer compras nesse shopping é o ambiente diferenciado – pode não ser comparável à Veneza verdadeira, mas a experiência é mesmo assim agradável. *The Venetian, 3355 Las Vegas Blvd S. • Mapa P2*

8 Mandalay Place

Eclética seleção de lojas, Mandalay Place encontra-se em uma passarela aérea de 9,3 mil m² que liga Mandalay Bay ao Luxor Hotel and Casino. Entre as lojas estão a primeira do mundo da Nike Golf e The Art of Music, que vende recordações autografadas. Existem muitos restaurantes e lanchonetes, como o gelado Minus5, um dos *ice bars* de Las Vegas. *Mandalay Bay, 3950 Las Vegas Blvd S. • Mapa R1-2*

9 Town Square Las Vegas

Afaste-se um pouco da sobrecarga sensorial da Strip nesse grande centro comercial ao ar livre com fachadas que lembram casas de vila e paisagem urbana pitoresca. Entre mais de 120 lojas e restaurantes estão grandes nomes, como Abercrombie & Fitch, H&M e Apple. Há também muita diversão no cinema de dezoito salas e num parquinho para crianças, que exibe uma casa na árvore de 13m e fontes com 30 jatos. Some a isso tudo dezoito restaurantes. *6605 Las Vegas Blvd S. • Mapa C5*

Town Square Shopping Plaza

10 The Shoppes, no The Palazzo

A mais recente atração para consumidores que procuram artigos de luxo está dentro do The Palazzo, que é ligado ao The Venetian. As Shoppes contêm mais de 60 lojas refinadas, como a Barneys New York, empório especializado em moda. Outras marcas de confecções são Michael Kors, Christian Louboutin e Diane Von Furstenberg. *The Palazzo, 3325 Las Vegas Blvd S. • Mapa P2*

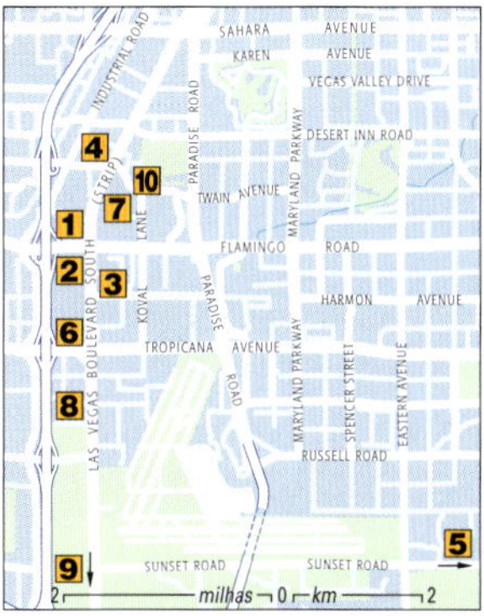

Relógio; Enfeite do Circus Circus; Quebra-cabeça de Vegas; Óculos de Elvis

TOP 10 Suvenires

1 Quebra-Cabeças da Strip

Esse passatempo barato oferece grande variedade de tipos e imagens da principal via de Las Vegas. Os quebra-cabeças mais procurados são os que formam a Strip à noite ou reproduzem em desenho suas atrações. E, como essa parte da cidade sempre muda, pode ser que um dia você tenha uma peça de colecionador.

2 Fichas de Pôquer Personalizadas

Recordação perfeita para quem promove jogos de baralho. As fichas personalizadas vêm nas cores tradicionais *(p. 124)*, mas podem receber o seu nome em vez do nome do cassino.

Caça-níqueis antigos

3 Fotos

Tire uma foto vestido de pioneiro, caubói ou vedete. Ou, se a fantasia for mais longe no tempo, vista-se com trajes medievais. Há ainda a possibilidade de pôr a sua foto numa capa de revista, no lugar de uma celebridade. As fotos custam em geral US$25 ou menos e compõem lembranças divertidas.

4 Óculos de Elvis com Costeletas Falsas

Embora não tenha feito tanto sucesso quando se apresentou em Vegas pela primeira vez, em 1956, Elvis Presley tornou-se desde então associado à capital mundial da diversão. Sua carreira de imitador de Elvis pode começar na cidade, com esses óculos e costeletas.

5 Relógios Decorados com Dados

Feitos de acrílico azul ou dourado, latão, nós de madeira ou qualquer outro material, esses relógios – com dados que marcam as horas – inserem-se no gênero kitsch de Las Vegas. Outros artigos cafonas são assentos de privada com cartas e fichas de pôquer, e capas de caixa de lenço de papel com motivos de jogos de azar.

6 Livros sobre Nevada

As livrarias de Las Vegas têm grande sortimento de publicações sobre o local, entre elas *The Nevada trivia book*, de Richard Moreno, *A short history of Las Vegas*, de Myrick e Barbara Land, e diversos sobre caça-níqueis escritos por Marshall Fey (neto do inventor dessa máquina). Em ficção, tente *Sweet promised land* ou *A cup of tea in Pamplona*, do falecido escritor basco-americano Robert Laxalt.

7 Alimentos Gourmet Feitos em Nevada

Os comestíveis mais famosos de Nevada são da Ethel M Chocolates, criada por Forrest Mars Sr. e membro da família de Milky Way,

Fichas de pôquer

Mars, Three Musketeers e M&Ms. Para os que têm paladar mais refinado, uma boa pedida são os picles da Mrs Auld's Sweet 'n' Spicy, sua mistura para bolinhos ou cerejas da marca; os chás da Davidson Teas também são de boa qualidade.

8 Caça-Níqueis Antigos

Peças que remontam a 1895 – quando Charles Fey inventou a primeira *slot machine*, The Liberty Bell – aparecem às vezes no catálogo de leilões. O estilo vai do vitoriano tardio ao art déco, e os modelos antigos mais raros podem custar vários milhares de dólares.

9 Gravações de Shows e Artigos de Marca

Todo grande espetáculo de Las Vegas tem uma loja associada, em geral situada perto da bilheteria. Camisetas comemorativas e várias gravações são os itens mais comuns à venda. Há ainda apetrechos de mágica, pratos de circo chineses, porta-copos com logotipos, cordas de pular e ioiôs.

10 Dinheiro

Sem dúvida, a melhor lembrança para levar de Las Vegas para casa são várias maletas de dinheiro em espécie. Embora sejam mais perdedores que ganhadores nos caça-níqueis, roletas e mesas, os visitantes às vezes ganham uma bolada, como a das máquinas Megabucks e Quartermania, abocanhando uma boa soma de dinheiro.

Fotografando em Vegas

1 Estufa do Bellagio
Arrume os fotografados diante do mais lindo arranjo de flores. As claraboias dão boa luz *(p. 15)*.

2 Gôndola do Venetian
Há fotógrafos profissionais a postos para registrar seu passeio de gôndola *(p. 20)*.

3 Piscina do Hard Rock Hotel
É melhor tirar da janela do quarto para pegar o formato de guitarra da piscina *(pp. 32-3)*.

4 Cascata do Wynn Las Vegas
Ainda mais linda quando o sol se põe e a água brilha com a luz artificial *(p. 22)*.

5 Madame Tussauds
Faça seu amado ou sua amada posar ao lado da celebridade favorita no museu de estátuas de cera *(p. 44)*.

6 Santuário de Brama do Caesars Palace
Diz-se que esse belo santuário dá sorte *(p. 32)*.

7 Prancha do TI
Qualquer um dos navios compõe um fundo incrível para as suas fotos, ou então fotografe as embarcações e a aldeia *(p. 33)*.

8 Artistas no Centro de Las Vegas
Clique o seu fotografado com um imitador de celebridade, que ficará feliz em posar se receber uma gorjeta *(p. 13)*.

9 Passarela do Wynn para o Fashion Show
Um excelente ponto para fotografar a Strip. ✆ *Mapa P2*

10 Vulcão do Mirage
O enorme vulcão do hotel Mirage é um ponto de referência de Las Vegas e um espetáculo gratuito magnífico *(p. 73)*.

The Roller Coaster; Las Vegas Motor Speedway

TOP 10 Brinquedos e Simuladores

1 The Roller Coaster

Para quem quer muito mais emoção e ousa ficar de olhos abertos num passeio assustador, essa montanha-russa, similar à da Coney Island, oferece vistas espetaculares da Strip. Ela se retorce, sobe, mergulha e contorna o perímetro do resort. Durante o passeio, você desce 45m e atinge a velocidade de 108km/h. *New York-New York, 3790 Las Vegas Blvd S. • Mapa R1-2*

2 Big Shot

Situado na torre de observação mais alta do mundo, o Big Shot leva os passageiros a 50m no ar. Então eles entram em queda livre para a plataforma. Não é para crianças. Vá à noite, pela linda vista da Strip. *Stratosphere Tower, 2000 Las Vegas Blvd S. • Mapa L-M3*

3 Desperado

Tida como uma das mais velozes montanhas-russas dos EUA, a Desperado atinge a velocidade de 130km/h. Admire as lindas vistas do Primm Valley do ponto mais alto. Se isso não bastar, tente a queda de 52m no Turbo Drop ou vá se molhar no Adventure Canyon Log Flume. *Buffalo Bill's, 31900 Las Vegas Blvd S., Primm Valley, 56km ao S de Las Vegas pela I-5 • Mapa T2 • 702 386 7867 • Restrições de idade, altura e peso*

4 Pole Position Raceway

Essa pista de kart de alta tecnologia dá a novatos e experientes a oportunidade de guiar. *4175 South Arville • Mapa B4-5 • 7350 Prairie Falcon Rd • Mapa B2 • 702 227 7223 • Restrições de idade, altura e peso*

Big Shot, Stratosphere

5 Canyon Blaster

Há muitos brinquedos para se esbaldar no Adventuredome, parque temático coberto do Circus Circus. Talvez o mais empolgante seja a Canyon Blaster, de alta velocidade, rotulada "a única montanha-russa interna com loop duplo e parafuso duplo". Disk-O é um brinquedo que gira e sacode acompanhado por música alta. Prepare-se para se molhar na canaleta de água Rim Runner. ⊗ *Circus Circus, 2880 Las Vegas Blvd S. • Mapa M-N2*

Flutuação no Vegas Indoor Skydiving

6 SkyJump Las Vegas

Essa "queda livre controlada" faz almas corajosas despencarem 261m do 108º andar do Stratosphere até um tapete de pouso. Os saltadores atingem 64km/h atravessando o ar até voltar a pôr os pés em terra firme. Compre um pacote com saltos noturno e diurno. ⊗ *Stratosphere Tower, 2000 Las Vegas Blvd S. • Mapa L-M3*

7 Simuladores de Movimento

Entre os simuladores de movimento excitantes mas de curta duração dentro do Excalibur estão Sponge Bob Square Pants 4D, em que você viaja pelo fundo do mar, e "Extreme Log Ride", montanha-russa simulada com cavernas e grandes répteis. ⊗ *Excalibur, 3850 Las Vegas Blvd S. • Mapa R1-2*

8 Airline Captain for a Day

Assuma o controle de um simulador de voo completo e sinta como é pilotar um Boeing 737 real. Essa experiência de 30 minutos é realizada nos mesmos simuladores em que os pilotos treinam. ⊗ *1771 Whitney Mesa Dr., Henderson • Mapa E5*

9 Vegas Indoor Skydiving

A empresa avisa aos clientes potenciais que existe algum risco na flutuação, mas esse é um ótimo lugar para ganhar asas sem avião nem paraquedas. A experiência, que dura uma hora, conta com treino e paraquedismo simulado num túnel de vento vertical, com cama elástica e paredes acolchoadas. ⊗ *Vegas Indoor Skydiving, 200 Convention Center Drive • Mapa N3*

10 Richard Petty Driving Experience

Depois das instruções, os participantes sentam-se no posto do piloto de um stock car no estilo dos da Nascar. E aceleram! ⊗ *Las Vegas Motor Speedway, 7000 Las Vegas Blvd N. • Mapa E1*

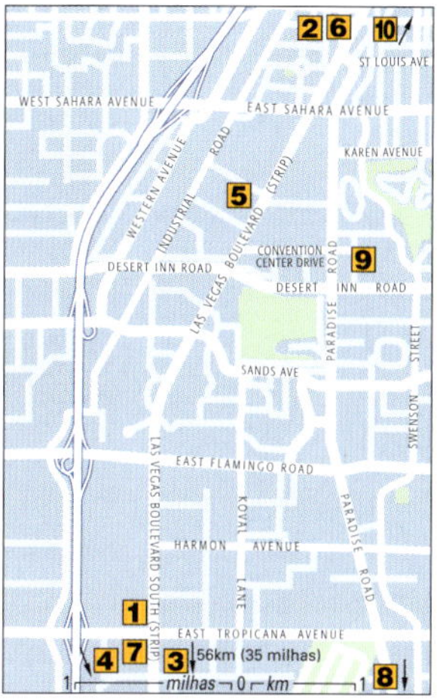

Veja mais sobre atrações para crianças nas **pp. 66-7**

Corrida de lanchas, lago Mead; National Finals Rodeo

TOP 10 Festivais e Eventos

1 Chinese New Year

Os festejos do Ano-Novo chinês concentram-se na Chinatown Plaza *(p. 85)*. Entre os destaques, a tradicional dança do leão chinesa, fogos de artifício, comidas e feng shui, que diz respeito ao Ano-Novo. ⊗ *Chinatown Plaza, Spring Mountain Rd • Mapa B4 • Final jan-meados fev*

2 St. Patrick's Day Celebration

As festas do santo irlandês são realizadas em vários restaurantes e bares, mas a principal ocorre na Fremont Street Experience *(p. 79)*. Para animar a multidão, há música, entretenimento em dois palcos, cerveja verde (com corante comestível) e pratos irlandeses tradicionais. ⊗ *Mapa K4 • 17 mar ou fim de semana próximo*

3 Cinco de Mayo

O feriado nacional do México que comemora a vitória contra os franceses em 1862 é celebrado de um lado ao outro da Strip e por toda Las Vegas. Toca-se música hispânica tradicional em locais de espetáculo e servem-se margaritas de graça. Há comida típica, como tacos e tamales, nos locais de festa espalhados pela cidade. ⊗ *Por toda a cidade • 5 mai ou fim de semana próximo*

4 Snow Mountain Powwow

Dançarinos tribais com indumentária típica, enfeitados com contas, ossos, conchas e sinetas, vêm de toda a América do Norte para realizar danças rituais ancestrais. São vendidos escudos com penas, além de comidas, como tacos navajos e pão frito. ⊗ *Paiute Indian Reservation, 4,8km N • Mai*

5 Greek Food Festival

Nos últimos 37 anos, o Festival de Comida Grega de Las Vegas tem comemorado todos os aromas, sons, sabores e tradições da Grécia. A festa dura quatro dias e conta com dança ininterrupta ao vivo com grupos gregos, excelente comida e bancas com lembranças, bijuteria e arte. ⊗ *St. John the Baptist Greek Orthodox Church, 5300 South El Camino Las Vegas • Mapa B5 • 702 889 6376 • Set*

Torneio de golfe

6 Pacific Islands Festival

Os muitos povos da orla do Pacífico que vivem na região de Las Vegas comemoram sua herança com diversão tradicional, mostras culturais e butiques de roupas. Entre as comidas, há desde kimchi e poi até guioza e teriyaki. ⊗ *Henderson Events Plaza, 200 S. Water St • Mapa G6 • 702 267 2171 • set*

7 Casas Mal-Assombradas do Halloween

Várias empresas montam casas mal-assombradas em estacionamentos, centros comunitários e parques. Algumas dão medo, outras são mais para diversão, com espelhos tortos e surpresas esquisitas. ⊗ *Fim out*

8 Strut Your Mutt

Seja qual for o pedigree – ou a falta dele –, todo cão tem seu dia na competição Strut Your Mutt. Há muitos torneios divertidos, inclusive um de semelhança entre animal e dono. ⊗ *Desert Breeze Park, 8275 Spring Mountain Rd • Mapa A4 • 702 455 8200 • Mai*

9 National Finals Rodeo e BBQ Cook-Off

Durante as finais de rodeio, parece que toda a cidade vira country, de jeans e botas. Os cassinos entram no clima, com música e dança do gênero. As revistas gratuitas de programação são as melhores fontes de informação sobre festas em cartaz. O Cowboy Christmas Gift Show está entre os eventos mais procurados. ⊗ *Vários locais • Dez*

10 Magical Forest

A Opportunity Village, organização que auxilia os portadores de deficiência mental, coleta recursos com a Floresta Mágica, em que se destacam centenas de árvores de Natal decoradas. Milhões de luzes natalinas e uma mostra de casinhas de biscoito de gengibre são os pontos altos. As diversões toda noite, para todas as idades, e um trem de passageiros fazem da Floresta Mágica uma ótima opção para a família. ⊗ *Opportunity Village, 6300 W. Oakey Blvd • Mapa B3 • 702 259 3741 • Nov-jan*

Eventos Esportivos

1 National Finals Rodeo

Caubóis disputam prêmios milionários no maior rodeio dos EUA. ⊗ *Thomas & Mack Center • Início dez*

2 World Championship Boxing

Las Vegas ganhou destaque em títulos de boxe. ⊗ *Caesars Palace, MGM Grand, Mandalay Bay, Thomas & Mack Center*

3 Nascar Sprint Cup Series

Assista aos treinos e corridas de carro da Copa Sprint. ⊗ *Las Vegas Motor Speedway • Mar*

4 Beisebol

Veja o Las Vegas 51s. ⊗ *Cashman Field, 850 Las Vegas Blvd N. • Abr-Dia do Trabalho*

5 Esportes na UNLV

Os times universitários de basquete, futebol americano e beisebol Runnin' Rebels são os favoritos. ⊗ *Thomas & Mack Center, Sam Bowd Stadium, campus da UNLV • Set-mai*

6 NHRA Summit Nationals

Dragsters disputam o título. ⊗ *Las Vegas Motor Speedway, 7000 Las Vegas Blvd N. • Datas variadas*

7 World Series of Poker

Jogadores de pôquer disputam US$1 milhão. ⊗ *Rio All--Suites Hotel & Casino • Mai-jul*

8 PBR Championship

Competição profissional de toureadores. ⊗ *Thomas & Mack Center • Out*

9 Las Vegas Triathlon

Corridas curtas e olímpicas. ⊗ *Lago Mead • Set*

10 Shriners Hospitals for Children Open

Esse torneio atrai golfistas profissionais por uma boa causa: auxiliar crianças doentes. ⊗ *TPC Summerlin • Out*

Moto aquática; Ciclismo nas Desert Shores

TOP 10 Atividades ao Ar Livre

1 Caminhadas no Red Rock Canyon

Siga para o sul pela I-15, pegue a saída 34 para a 215 sentido oeste, pegue a saída 26 para o Charleston Blvd e dirija-se a oeste para encontrar a surpreendente Red Rock Canyon National Conservation Area *(acima)*. Uma estrada panorâmica faz um circuito pelo Red Rock Canyon – ideal para fugir da civilização *(pp. 24-5)*.

2 Ciclismo nas Desert Shores

É agradável passear de bicicleta em Las Vegas – sobretudo nas zonas residenciais mais tranquilas e nobres de Green Valley e perto do Charleston Boulevard. Melhor ainda são os caminhos nas Desert Shores, no noroeste de Las Vegas, onde há muita sombra e vistas da água.

3 Esportes Aquáticos no Lago Mead

Os apaixonados por atividades aquáticas devem ir à Calville Bay Marina, ao Las Vegas Boat Harbor ou à Lake Mead Marina para alugar motos aquáticas, casas flutuantes, esquis e outros apetrechos aquáticos. Saiba que é obrigatório usar colete salva-vidas em embarcações pessoais *(pp. 92-5)*.

4 Patinação em Summerlin

Summerlin é um bairro planejado situado a noroeste do centro, e suas calçadas lisas são ótimas para patinação. Os arredores estão entre os mais agradáveis da cidade, em geral sem poluição, com casas e condomínios atraentes. Os patinadores experientes devem conhecer um dos muitos parques de patinação de Las Vegas.

5 Tênis em Parques

Muitos dos parques públicos de Las Vegas, entre eles o Sunset Park *(abaixo)*, contam com diversas quadras de tênis bem iluminadas e abertas a todos.

Veja mais sobre trilhas na **p. 108**

Os visitantes devem levar equipamento próprio. ✆ *Mapa D5* • *702 455 8200*

Vôlei no Sunset Park

6 Esqui e Snowboard no Mount Charleston

Acolhedor no tamanho, o Las Vegas Ski & Snowboard Resort oferece neve ligeira com tempo em geral ensolarado. Os teleféricos costumam estar abertos de novembro a abril, com temperaturas em torno de 30°C (86°F). Há serviços, aulas e aluguel. O resort fica ao norte do monte Charleston, saindo da Hwy 156. ✆ *72km NO de Las Vegas • 702 385 2754 • www.skilasvegas.com*

7 Disc Golf no Mountain Crest Park

Esse campo de golfe de dezoito buracos é desafiador e atrai moradores da cidade. Pode ficar lotado nos fins de semana, mas as pessoas estão sempre jogando. Embora o avanço pelo campo seja claro, alguns pontos de arremesso são difíceis de localizar – se necessário, peça ajuda a outros jogadores. É preciso levar equipamento próprio. ✆ *4701 N Durango Blvd*

8 Basquete ao Ar Livre

A impressão que se tem é que nos parques públicos de Las Vegas o basquete não para, com times formados na hora. A maioria dos parques tem diversas quadras, muitas em bom estado de conservação. ✆ *Desert Breeze Park, 8275 Spring Mountain Rd • Sunset Park • Mapa D5*

9 Passeio pela Strip

Embora haja dezenas de caminhos mais distantes, sobretudo em Henderson, a maioria dos turistas caminha em Las Vegas pela famosa Strip. E por que não? Essa via – aliás, um trecho de 6,5km do Las Vegas Boulevard South (ou Hwy 604) – é uma das mais fascinantes do mundo. Use calçados confortáveis, leve água e fique atento às leis de trânsito. ✆ *Mapa M3-R2*

10 Corrida no Sunset Park

Se você está disposto a mais que uma caminhada pela Strip, vá ao Sunset Park, um dos lugares que mais atraem corredores. Os caminhos são bem cuidados, e o circuito conta com área de ginástica. Além do mais, há outras atividades: beisebol, futebol, vôlei e um parquinho movimentado perto do lago do parque. ✆ *Mapa D5*

Veja atrações para crianças nas **pp. 66-7**

Las Vegas National Golf Club; Angel Park Golf Club

TOP 10 Campos de Golfe

1 Badlands Golf Club

Projetado pelos golfistas Johnny Miller e Chi Chi Rodríguez, esse campo de 27 buracos serpenteia por cânions profundos e propicia o verdadeiro golfe de deserto em ambiente acidentado. Quatro grupos de *tees* permitem que novatos ou profissionais joguem e proporcionam aos competidores grande variedade de desafios. Os pacotes Stay & Play facilitam o planejamento das férias. *9119 Alta Dr • 702 363 0754*

2 The Legacy Golf Course

Desenhado por Arthur Hills, esse campo, que atrai delegados de convenções, mistura o estilo escocês à incrível vegetação desértica de Nevada *(abaixo)*. Estende-se por 6,6km a partir dos *tees* profissionais. Seu ponto alto é o Devil's Triangle (buracos de 11 a 13). *130 Par Excellence Drive, Henderson • Mapa E6 • 702 897 2187*

3 DragonRidge Golf Club

Com alamedas e gramados perfeitos e mudanças de elevação abruptas, o DragonRidge oferece uma das vistas mais espetaculares no vale. O campo é particular, com partidas limitadas para o público. *552 S. Stephanie St, Henderson • Mapa E6 • 702 614 4444*

4 Bali Hai Golf Club

A poucos passos do Mandalay Bay e do Four Seasons, o campo contém touceiras de palmeiras, grandes obstáculos de água, plantas tropicais e flores em seu ambiente dos Mares do Sul *(acima)*. *5160 Las Vegas Blvd S. • Mapa C5 • 702 597 2400*

5 Angel Park Golf Club

Palm e Mountain, os dois campos de dezoito buracos desse clube, desenhados pelo lendário golfista americano Arnold Palmer, foram considerados "a prática de golfe mais completa do mundo". *Driving range* iluminada, campo de nove buracos e escola de golfe compõem o conjunto. *100 S. Rampart Blvd • Mapa A3 • 702 254 4653*

Angel Park Golf Club

6 Las Vegas Paiute Golf Resort

Em meio à paisagem acidentada do deserto, esse foi o primeiro resort de golfe de vários campos em terras indígenas americanas. Há três deles; o Snow e o Sun Mountain foram projetados por Pete Dye, que desenhou vários campos apreciados. ✆ *Snow Mountain, Highway 95 (saída 95), 32km N de Las Vegas • 702 658 1400*

7 Desert Willow Golf Course

Esse campo desafiador foi escavado no sopé das Black Mountains e cercado de obstáculos e terreno acidentado. Tem dezoito buracos, par-60 e 3,5km de comprimento. ✆ *2020 W. Horizon Ridge Parkway, Henderson • 702 263 4653*

8 Las Vegas National Golf Club

Criado em 1961, esse campo recebeu Tiger Woods a caminho de sua primeira vitória na PGA (Professional Golf Association), em 1996. É preciso usar travas leves. ✆ *1911 E. Desert Inn Rd • Mapa D4 • 702 734 1796*

9 Royal Links Golf Club

O campo conta com buracos inspirados nos famosos gramados do Torneio Aberto da Grã-Bretanha. Todos os carros de golfe são equipados com GPS (Global Positioning System). ✆ *5995 E. Valley View Dr • Mapa E4 • 888 427 6678*

10 The Revere at Anthem

Serpenteando por três cânions no deserto, esse campo tem mudanças naturais de elevação e vistas espetaculares da silhueta de Las Vegas. As taxas de verão, como em vários campos da cidade, são consideravelmente mais baixas que em outras épocas do ano. ✆ *2600 Hampton Rd, Henderson • 702 259 4653*

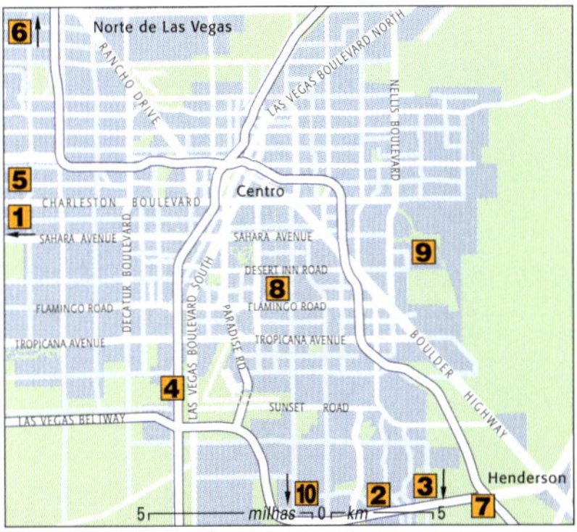

Veja mais sobre atividades ao ar livre nas **pp.60-1**

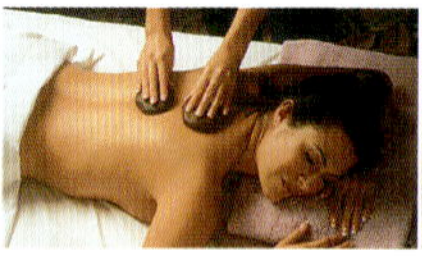

Massagem com pedras; Qua Baths & Spa no Caesars Palace

TOP 10 Spas e Academias

1 Canyon Ranch SpaClub

Os hóspedes do Venetian podem desfrutar de mais de cem serviços de spa, como dançaterapia e vinte tipos de massagem. As instalações e o café Canyon Ranch também estão abertos para quem não é hóspede. Há um salão de beleza e uma sala de estar para ambos os sexos. *The Venetian, 3355 Las Vegas Blvd S. • Mapa P2 • 702 414 3600*

2 Aquae Sulis Spa

Nesse spa, os tratamentos não são estéticos: as aplicações personalizadas destinam-se a promover a saúde e o bem-estar. São usados produtos ecológicos cujos efeitos são sentidos muito tempo após a aplicação. Experimente as terapias aiurvédicas. *J. W. Marriott Las Vegas, 221 N. Rampart Blvd • Mapa A3 • 702 869 7807*

Kim Võ Salon, Spa at The Mirage

3 Spa at The Mirage

Dê adeus à tensão e à irritação nesse spa lindamente reprojetado, com decoração relaxante e neutra. Há diversas salas de terapia e opções mais extravagantes. O famoso colorista Kim Võ abriu um salão ao lado, que também tem barbearia. *The Mirage, 3400 Las Vegas Blvd S. • Mapa P1-2 • 702 791 7472*

4 Qua Baths & Spa no Caesars Palace

Com um estilo que retoma o glorioso esplendor da Roma Antiga, o spa incorpora os banhos romanos e outros detalhes do luxo imperial. Além da profusão de tratamentos disponíveis para homens e mulheres, há academia de ginástica e várias saunas. *3570 Las Vegas Blvd S. • Mapa P1-2 • 866 782 0655*

5 Drift Spa

Pedras escuras e mobiliário elegante compõem o ambiente para um relaxamento requintado no Drift Spa. As opções rejuvenescedoras baseiam-se em tradições da Turquia, da Tunísia, do Marrocos e da Espanha. Há salas de terapia com jardim privativo, com grande apelo entre casais. Entre outras instalações estão piscinas de água quente e fria, um tradicional banho turco unissex e salas de estar privativas com agradável jardim ao ar livre. *Palms Place, 4321 Flamingo Rd W. • Mapa B4 • 702 944 3219*

Veja mais sobre serviços em hotéis nas **pp. 14-5, 20-3 e 32-3**

6 Spa at Monte Carlo

Móveis e acessórios de qualidade de vários países e serviço personalizado são os destaques desse spa, que tem clima acolhedor e aconchegante. Helioterapia, gomagem, esfoliação corporal, máscaras e uma diversidade de massagens estão no menu de serviços. Por uma taxa módica você pode usar hidromassagem, sauna e banho de vapor. *Monte Carlo, 3770 Las Vegas Blvd S. • Mapa Q1-2 • 702 730 7590*

Spa Bellagio

7 MGM Grand Spa

Deleite-se com o pacote "Dreaming Ritual", que oferece escalda-pés, massagem e banho de lama com música aborígine de fundo. A excelente esfoliação corporal é feita em sala úmida e usa um chuveiro Vichy, enquanto a esfoliação com café arábica é um dos serviços exclusivos da casa. Você pode comprar passes diários para a sala de ginástica, a sauna e a hidromassagem. Há também um salão de beleza chique com ótima vista para a piscina. *MGM Grand, 3799 Las Vegas Blvd S. • Mapa R2 • 702 891 3077*

8 Spa Bellagio

Esse palácio de mimos italianizado alia a elegância do mármore a um equipamento de ginástica de primeira. O tratamento típico da casa é a Bellagio Stone Massage, que usa pedras "colhidas" para esse fim preparadas num banho e uma técnica de balanceamento de energia para proporcionar relaxamento completo. O serviço é atencioso. *Bellagio, 3600 Las Vegas Blvd S. • Mapa Q1-2 • 702 693 7472*

9 The Spa at New York-New York

Sem a pressa de Nova York, você pode usufruir tudo que há nesse spa remodelado. Entre os tratamentos relaxantes estão o Long Island Getaway Scrub, a New York Minute Manicure e a Traffic Stopper Facial. *New York-New York, 3790 Las Vegas Blvd S. • Mapa R1-2 • 702 740 6955*

10 The Spa at Encore

Para uma experiência de luxo total, poucos lugares se comparam às salas de tratamento requintadas, *villas* com jardim e quartos de casal do spa do Encore. *Encore Las Vegas, 3121 Las Vegas Blvd S. • Mapa N2 • 702 770 7070*

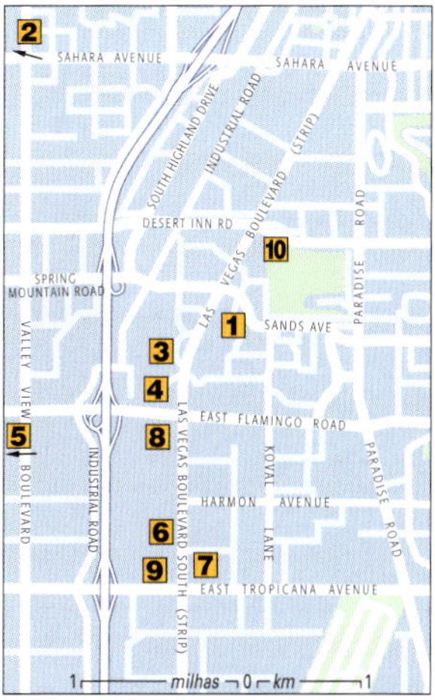

Parque temático do Velho Oeste, Bonnie Springs; Rainbow Theatre

TOP 10 Atrações para Crianças

1 Adventuredome

Esse parque de diversões interno tem enorme variedade de brinquedos e jogos para manter as crianças entretidas durante horas. Elas podem passear na Canyon Blaster, montanha-russa com espiral, ou se molhar no tobogã de água Rim Runner. *Circus Circus, 2800 Las Vegas Blvd S. • Mapa M-N2 • 702 794 3939 • Aberto diariam; horário variado • Entrada paga*

2 Siegfried & Roy's Secret Garden e Dolphin Habitat

Essas duas atrações são conjuntas e misturam ensino e diversão. Veja os golfinhos *(à dir.)* do alto e depois vá ao túnel para observá-los sob a água. O Secret Garden é um oásis de árvores e vegetação, com moradores incomuns, como tigres-albinos, panteras, leopardos e os raros leões-albinos. Você pode permanecer o tempo que quiser. *The Mirage, 3400 Las Vegas Blvd S. • Mapa P1-2 • 702 791 7111 • Aberto 10h-18h30 diariam • Entrada paga*

Dolphin Habitat, Mirage

3 Rainbow Theatre

As crianças se divertem com a dramatização de lendas do folclore, peças infantis clássicas, comédias musicais e contos como *A menina e o porquinho* e *A bela adormecida*. Todo ano são realizadas apresentações de obras diversas. *800 S. Brush St. • Mapa B3 • Programação variada • 702 229 6553 • Entrada paga*

4 Children's Park

Essa área para crianças na Town Square Las Vegas tem uma casa num carvalho vivo, enorme playground e brincadeiras com água. Um labirinto de cerca viva é feito com jardinagem em forma de animais, como elefante, macaco, golfinho e flamingo. Muitas tendas e uma fonte com água ajudam a refrescar a criançada no verão. *6605 Las Vegas Blvd • Mapa C5*

5 SoBe Ice Arena

Esse rinque de gelo com medidas oficiais permite tanto patinar quanto jogar hóquei – há aluguel de patins e aulas de patinação. *Fiesta Rancho Casino Hotel, 2400 N. Rancho Drive • Mapa B2 • 702 631 7000 • Entrada paga*

6 Las Vegas Mini Gran Prix

Carros de Gran Prix e karts para adultos, karts para crianças e, ainda, a Dragon Coaster, o Super Slide e muitos jogos eletrônicos fazem desse estabelecimento um local favorito fora da Strip para crianças de Las Vegas e turistas. *1401 N. Rainbow Blvd • Mapa A2 • 702 259 7000 • Aberto 10h-21h diariam (até 23h sáb)*

7 Shark Reef Aquarium

O único aquário da América do Norte de predadores tem mais de 2 mil animais e 6 milhões de litros de água. Mais de cem espécies de tubarão e também arraias gigantes, piranhas, águas-vivas e peixes-serra rodeiam os visitantes que andam pelo túnel de vidro subaquático. *Mandalay Bay, 3950 Las Vegas Blvd S. • Mapa R1-2 • 702 632 7777 • Aberto 10h-20h dom-qui, 10h-22h sex-sáb • Entrada paga*

8 Bonnie Springs e Old Nevada

Esse parque temático do Velho Oeste, que fica 10 minutos a oeste de Las Vegas, pode não ter a elegância típica de outros na cidade, mas seu charme primitivo em geral cativa as crianças. Entre as melhores atrações estão passeios de pônei, cercados para acariciar animais e lojas com artigos do passado. *16395 Bonnie Springs Rd • 702 875 4191 • Horário varia com a estação • Entrada paga*

9 Red Rock Lanes

Essa casa de boliche com 72 pistas é equipada com ótimo sistema de som, efeitos de luzes, máquina de fumaça, geradores de imagem e globos espelhados para que uma

Boliche na Red Rock Lanes

tarde comum se transforme numa festa. É o local mais caro desse gênero nos EUA. *Red Rock Resort, 11011 W. Charleston Avenue • Mapa A3 • 702 797 7777 • Aberto 8h-14h seg-qui, a partir de 8h sex, 24 horas sáb, até 2h dom • Entrada paga*

10 Flamingo Wildlife Habitat

Ao entrar no Flamingo Wildlife Habitat, você é transportado para um lugar com vegetação exuberante, aves exóticas e outros animais. Os bichos vivem nas ilhas e nos córregos, cercados por uma paisagem e cascatas deslumbrantes, e são atendidos por uma equipe de especialistas. Você pode andar entre flamingos, cisnes, patos, tartarugas e carpas nesse tranquilo refúgio da agitada Strip de Las Vegas. Há apresentações na ilha todo dia às 8h30 e às 11h. *Flamingo Las Vegas, 3555 Las Vegas Blvd S. • Mapa P2 • Aberto 24 horas • Grátis*

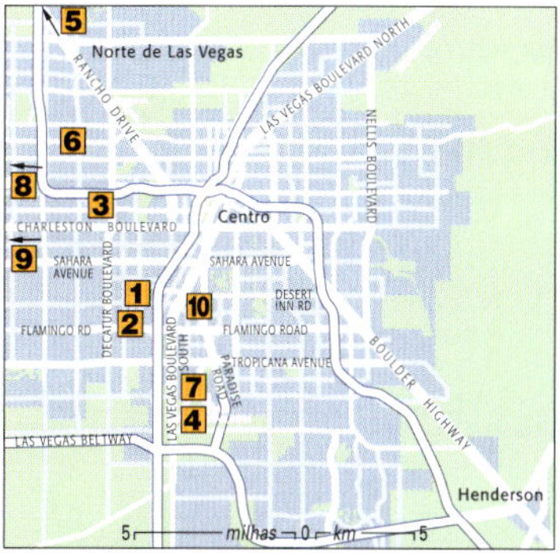

Nas páginas seguintes, o coração da Strip

THE MIRAGE

ÁREA POR ÁREA

A Strip
70-7

Centro
78-83

Além do Neon
84-91

Lago Mead, Hoover Dam e Laughlin
92-7

Parques e Reservas
98-109

Circus Circus; Torre do The Venetian; Fontes do Bellagio

A Strip

A O CAMINHAR PELA STRIP, VOCÊ NOTA *que algumas das melhores atrações de Las Vegas são de graça – sobretudo quando a ideia é apenas ver lugares e se divertir. Não custa nada para percorrer os hotéis--cassinos, e você pode espiar as vitrines até cansar nos calçadões de compras. A arquitetura do hotel compõe uma atração em si mesma: onde mais você encontraria uma esfinge egípcia, os canais de Veneza e um castelo medieval na mesma quadra? Além disso, alguns hotéis--cassinos proporcionam diversão gratuita ininterrupta diante de suas portas.*

Circus Circus

The Sirens of TI

TOP 10 Atrações

1. The Sirens of TI
2. Circus Circus
3. Fontes do Bellagio
4. Flamingo Wildlife Habitat
5. Luxor
6. Forum Shops no Caesars
7. Coleções de Carros no Imperial Palace
8. Shark Reef Aquarium at Mandalay Bay
9. Paris Las Vegas
10. The Mirage Volcano

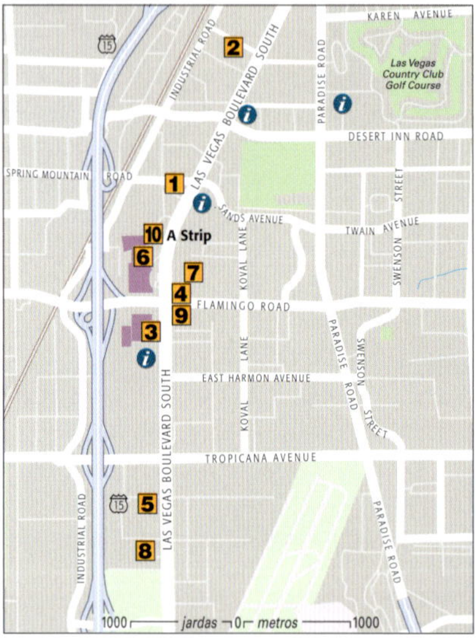

Gondoleiros, The Venetian

1 The Sirens of TI

Esse espetáculo gratuito, apresentado numa enseada construída na entrada do TI, é um dos preferidos dos turistas em Las Vegas. O show, de 23 minutos, exibe as encantadoras "sereias do TI", que fascinam e atraem um bando de piratas aventureiros. De lutas de espada animadas e proezas acrobáticas a fogos de artifício e um final emocionante de música e dança, esse espetáculo é um sucesso. As apresentações noturnas recebem uma multidão. *TI, 3300 Las Vegas Blvd S. • Mapa P2 • Espetáculos primavera e verão: 19h, 20h30, 22h e 23h30 diariam; inverno e outono: 17h30, 19h, 20h30 e 22h diariam • Grátis*

2 Circus Circus

Ao longo de mais de 40 anos, o Circus Circus vem divertindo centenas de milhares de espectadores com seus shows impressionantes. Entre as estrelas já estiveram os Flying Farfans, da Argentina, o ciclista de minibicicleta Charles Charles, de Paris, e a acrobata russa Valerie Akishin. Com apresentações a cada meia hora, você pode voltar para assistir a um show diferente e ver ampla variedade de números. *2880 Las Vegas Blvd S. • Mapa M-N2 • Apresentações a cada meia hora, 11h-24h • Grátis*

3 Fontes do Bellagio

Mais de mil fontes executam um balé sobre o lago Bellagio, desafiando o deserto ressequido e tórrido que cerca a cidade. Subindo até 73m pelo ar, a água em cascata segue o ritmo de música clássica. O Bellagio e outras propriedades do grupo MGM Mirage usam luz incandescente em vez do neon, o que torna a aldeia ao redor do lago um lindo pano de fundo para as águas dançantes. *3600 Las Vegas Blvd S. • Mapa Q1-2 • Apresentações a cada meia hora, 15h-19h seg-sex, 12h-19h sáb-dom; a cada 15min 19h-24h diariam • Grátis*

4 Flamingo Wildlife Habitat

O habitat do Flamingo Las Vegas *(abaixo)*, de 60 mil m², com localização inusitada no coração da Strip de Las Vegas, abriga 70 aves, entre elas flamingos chilenos e cisnes-negros, mais de 300 peixes e 30 tartarugas. Forma um oásis acolhedor no ambiente quase sempre implacável do deserto. *Flamingo Las Vegas, 3555 Las Vegas Blvd S. • Mapa P2 • Aberto 24h • Grátis*

Veja mais sobre espetáculos nas **pp. 38-9**

Cidade em Expansão

No passado, Las Vegas crescia em ritmo acelerado, com a construção ininterrupta de hotéis, condomínios e lojas. Em meados dos anos 2000, a cidade teve um declínio abrupto e muitos projetos foram suspensos ou abandonados. Atualmente, voltou a crescer, mas esse avanço é cauteloso e calculado.

A coleção de carros no Imperial Palace

5 Luxor

Versão surpreendentemente moderna de um monumento da antiguidade, a singular pirâmide de 30 andares do Luxor, de vidro preto, é um dos marcos mais reconhecíveis de Vegas. Uma réplica em tamanho natural do Grande Templo de Ramsés II se sobressai no impressionante átrio, que, com 820 mil m², é um dos maiores do mundo. Uma esfinge de dez andares de altura (maior que a original egípcia) guarda o local. O Luxor é ainda a sede de *Criss Angel believe*, produção do Cirque du Soleil, e de *Bodies... The exhibition.* ✆ *Luxor Hotel & Casino, 3900 Las Vegas Blvd • Mapa R1 • 702 262 4444*

6 Forum Shops no Caesars

Utilize a primeira escada rolante suspensa dos Estados Unidos para chegar às lojas desejadas, ou suba por ela só para se divertir. No Roman Great Hall, dê uma espiada no aquário de 182 mil litros de água salgada, lar de centenas de peixes tropicais coloridos. Fique atento, pois os mergulhadores alimentam os peixes apenas duas vezes por dia, especialmente à tarde. Algumas das lojas também oferecem diversão: dê um pulo na Magic Masters e procure a porta secreta que leva a uma réplica da biblioteca de Harry Houdini *(pp. 26-7)*.

7 Coleções de Carros no Imperial Palace

Talvez o mais fascinante nessa coleção seja o fato de todos os veículos (mais de 250) estarem à venda. O Lincoln Continental 1972 de Elvis Presley e um Rolls Royce Silver Cloud III 1965 que foi de Lucille Ball são apenas dois dos carros que passaram por essas portas. Procure ingressos grátis nos postos de informação turística, no site do lugar e em revistas de entretenimento. ✆ *Imperial Palace, 3535 Las Vegas Blvd S. • Mapa P2 • 702 794 3174 • Aberto 10h-18h diariam • Entrada paga*

8 Shark Reef Aquarium at Mandalay Bay

É realmente fascinante caminhar pelas passarelas desse aquário de 5,9 milhões de litros e observar milhares de criaturas marítimas nadando juntas. Procure o aruanã-dourado – e as onze espécies de tubarão. ✆ *Mandalay Bay, 3950 Las Vegas Blvd S. • Mapa R1-2 • Aberto 10h-20h dom-qui, 10h-22h sex e sáb • Entrada paga*

Veja mais sobre a Strip nas **pp. 8-9**

9 Paris Las Vegas

A Torre Eiffel e o Arco do Triunfo são reproduzidos de modo fiel e impressionante no Paris Las Vegas, ainda que em escala menor que os originais. Compre baguetes frescas de um ambulante e ouça as canções do grande Maurice Chevalier interpretadas por um acordeonista errante. Vale a pena parar na loja de brinquedos. ✆ *3655 Las Vegas Blvd S. • Mapa Q2*

10 The Mirage Volcano

Com demonstrações como essa, não surpreende que se diga que o Mirage, ao ser erguido, em 1989, deu início à onda de construção de hotéis nos anos 1990. O vulcão artificial de vários milhões de dólares *(abaixo)* cospe fogo a 30m de altura a cada hora da noite, do anoitecer às 23h. Iluminação engenhosa e efeitos de vapor retratam o drama dos rios de lava, enquanto os alto-falantes transmitem efeitos sonoros com trilha de Mickey Hart, baterista do Grateful Dead. ✆ *The Mirage, 3400 Las Vegas Blvd S. • Mapa P1-2 • Erupções 18h-24h • Grátis*

Um Dia na Strip

Manhã

Comece com um café da manhã no delicioso Verandah do Four Seasons Hotel, dentro do **Mandalay Bay**. Lá, visite o **Shark Reef Aquarium**. Também dentro do hotel está a **House of Blues**, que vale a pena conhecer pela excelência da arte folclórica dos Estados Unidos.

Siga a norte pela Strip até o **Flamingo Wildlife Habitat**, no Flamingo Las Vegas *(p. 71)*, e depois caminhe até as **coleções de carros no Imperial Palace**. Os apaixonados por quatro rodas precisam ser tirados de lá à força!

No almoço, atravesse para o Harrah's para ir ao **Flavors Buffet** *(p. 49)*.

Tarde

Nas **Forum Shops** é capaz que você deixe de lado os companheiros de viagem.

Próxima parada: **Circus Circus** *(p. 71)*. Como é um pouco longe, talvez seja melhor pegar o ônibus Deuce, que vai parando pela Strip. Ao chegar, você merece se reabastecer. Vá à confeitaria Krispy Kreme e deleite-se com um dos lendários sonhos. Com novas forças, explore o Circus Circus (ria do tamanho da sua barriga nos espelhos tortos) e volte ao **TI** para assistir ao show **The Sirens**.

Cruze a rua para o Casino Royale, pegue uma mesa na janela e veja a erupção do **Mirage Volcano** enquanto come. Para fechar a noite, desça até a Torre Eiffel no **Paris Las Vegas** para ter a melhor vista das **Fontes do Bellagio** *(p. 71)*.

Veja mais sobre como circular em Las Vegas na **p. 114**

Caesars Palace

Categorias de Preço

Diária de quarto de casal (com café da manhã, se houver), impostos e taxa de serviço.	
$	até US$50
$$	US$50-100
$$$	US$100-150
$$$$	US$150-200
$$$$$	acima de US$200

TOP 10 Hotéis

1 Grandes Hotéis Temáticos

Os três maiores hotéis e os mais extravagantes são Bellagio *(pp. 14-5)*, Venetian *(pp. 20-1)* e Paris *(p. 33)*. Menores, mas excelentes no compromisso com o tema, são o Caesars Palace *(p. 32)*, New York-New York *(p. 32)*, TI *(p. 33)* e Excalibur *(p. 33)*.

2 Tropicana Las Vegas

Uma reforma de US$180 milhões deu novo aspecto a essa propriedade. *3801 Las Vegas Blvd S. • Mapa R2 • 800 462 8767 • www.tropLV.com • $$$*

3 Harrah's

Hotel acolhedor com quartos confortáveis. Também se pode jogar *kenô* pela TV do quarto. *3475 Las Vegas Blvd S. • Mapa P2 • 702 369 5000 • www.harrahs.com • $$*

4 Circus Circus

Ampla propriedade com atrações para crianças. Conta também com o único estacionamento para trailers da Strip. *2880 Las Vegas Blvd S. • Mapa M-N2 • 702 734 0410 • www.circuscircus.com • $$*

5 Bally's

Esse hotel de ambiente descontraído tem piscina olímpica e quartos de luxo espaçosos, muitos com boa vista da Strip. *3645 Las Vegas Blvd S. • Mapa Q2 • 800 634 3434 • www.ballyslasvegas.com • $$*

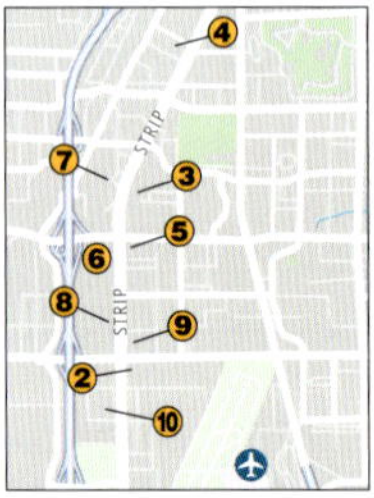

6 Cosmopolitan

Aberto em 2010, esse hotel de 2.995 quartos é chique e sofisticado. O candelabro de três aros é a peça central da propriedade. *3708 Las Vegas Blvd S. • Mapa Q1-2 • 702 698 7000 • www.cosmopolitanlasvegas.com • $$$$$*

7 The Mirage

Com localização conveniente no centro da Strip, o Mirage é famoso pelo átrio tropical, pela bela piscina com cascata e pelos tigres-brancos do Siegfried & Roy's. *3400 Las Vegas Blvd S. • Mapa P1-2 • 702 791 7111 • www.mirage.com • $$$$*

8 Monte Carlo

O elegante tema europeu revela-se nos quartos amplos com banheiro de mármore. *3770 Las Vegas Blvd S. • Mapa Q1-2 • 702 730 7777 • www.montecarlo.com • $$*

9 MGM Grand

Apesar de ser um dos maiores hotéis do mundo, o MGM Grand mantém um clima descontraído. Ostenta um spa de luxo *(p. 65)*. *3799 Las Vegas Blvd S. • Mapa R2 • 702 891 7777 • www.mgmgrand.com • $$$*

10 Luxor

Sua pirâmide de 30 andares e sua esfinge colossal são marcos de Vegas desde 1993. *3900 Las Vegas Blvd S. • Mapa R1 • 702 262 4444 • www.luxor.com • $$*

Veja mais sobre hotéis temáticos nas **pp. 32-3**

Um *arcade* de Vegas; Las Vegas Mini Gran Prix; Coney Island Emporium

TOP 10 Jogos de Arcade

1 Fun Dungeon
Atrações tradicionais de parque de diversões ganham vigor num resort com cavaleiros medievais que correm de um lado para o outro em seus corcéis. *Excalibur, 3850 Las Vegas Blvd S. • Mapa R1-2*

2 Insert Coins
Nem só as crianças podem se divertir! Esse lounge com vídeo e bar de jogos mistura games clássicos – Space Invaders, Frogger, Pacman, Tetris – com serviço de coquetel para adultos. *512 Fremont St • Mapa K4*

3 Arcade at the Bellagio
Perto da Bellagio Gallery of Fine Art, esse *arcade* oferece vários videogames de corrida e luta. *Bellagio, 3600 Las Vegas Blvd S. • Mapa Q1-2*

4 Pinball Hall of Fame
Esse museu-fliperama contém dezenas de jogos clássicos e novos. As partidas nas antigas máquinas de fliperama custam 25 centavos, e nas novas, 50 centavos. *1610 Tropicana Ave E. • Mapa R5*

5 Las Vegas Mini Gran Prix
Com carros de Gran Prix, karts para adultos e crianças e um grande centro de prêmios, trata-se de um lugar animado para passar a tarde. *1401 N. Rainbow Blvd. • Mapa A2*

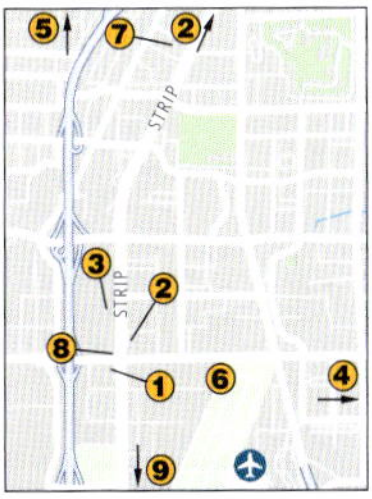

6 Joystixx
Arcade e bar de esportes para maiores de 21 anos, a Joystixx tem sinuca, videogame de console e jogos clássicos. *Hooters Casino Hotel, 115 Tropicana E. • Mapa R2*

7 Midway at Circus Circus
Milhões de jogos e um conjunto de espelhos de distorção, bancas de cachorro-quente, pipoca e outras delícias. *Circus Circus, 2880 Las Vegas Blvd S. • Mapa M-N2*

8 Coney Island Emporium
Experimente jogos tradicionais com temática de Nova York, como arremesso de moedas e tiro ao alvo, com comida típica bem à mão. *New York-New York, 3790 Las Vegas Blvd S. • Mapa R2*

9 Time-Out Arcade
Além de boliche, há mais de 50 jogos de *arcade* na Time-Out Arcade. *South Point Hotel, Casino & Spa, 9777 Las Vegas Blvd S.*

10 Videogames no Quarto
A maioria dos grandes hotéis da Strip aluga ou empresta equipamento de videogame para crianças hospedadas. Como crianças menores de 12 anos não podem, por lei, ficar sem supervisão num *arcade* (e há ainda toque de recolher para menores de 18), muitos pais gostam de contratar esse serviço conveniente.

Veja mais sobre atrações para crianças nas **pp. 66-7**

The Sirens of TI; Forum Shops, no Caesars Palace

TOP 10 Diversão Grátis

1 The Sirens of TI

Está no topo da lista esse lindo show de sereias ao anoitecer na entrada do hotel *(p. 71)*. *TI, 3300 Las Vegas Blvd S. • Mapa P2*

2 Caesars Palace Grounds

Quando o Caesars Palace abriu, em 1966, ninguém tinha visto nada igual. O terreno, repleto de estátuas romanas, era – e ainda é – encantador. *Caesars Palace, 3570 Las Vegas Blvd S. • Mapa P1-2*

3 Paris Las Vegas

Falta o charme da Paris verdadeira, mas detalhes precisos dão ao lugar a característica *joie de vivre (p. 73)*. *Paris Las Vegas, 3655 Las Vegas Blvd S. • Mapa Q2*

4 Gondoleiros e Menestréis do Venetian

Os gondoleiros cantam enquanto remam e, quando não estão na água, percorrem o cassino entoando árias italianas. *The Venetian, 3355 Las Vegas Blvd S. • Mapa P2*

5 Flamingo Wildlife Habitat

Espaço ao ar livre de 60 mil m², lar de muitas espécies de aves e peixes *(p. 71)*. *Flamingo Las Vegas, 3555 Las Vegas Blvd S. • Mapa P2*

6 The Mirage Volcano

A extravagância de Vegas: à noite, a cada hora, o "vulcão" do Mirage entra em "erupção" *(p. 73)*. *The Mirage, 3400 Las Vegas Blvd S. • Mapa P1-2*

7 Silverton Aquarium

Mais de 4 mil peixes tropicais e outros animais marinhos vivem nesse mar vibrante num aquário de 440 mil litros de água salgada. *Silverton Hotel and Casino, 3333 Blue Diamond Rd • Mapa B-C6*

8 Fonte do Bellagio

A coreografia estonteante da fonte do Bellagio oferece o que há de melhor entre as diversões gratuitas de Las Vegas *(p. 71)*. *Bellagio, 3600 Las Vegas Blvd S. • Mapa Q1-2*

9 M&M's World

Por incrível que pareça, uma atração inteira – até com filme em 3D – foi construída em torno dos pequenos confeitos coloridos recheados de chocolate. *Showcase Mall, 3785 Las Vegas Blvd S. • Mapa Q-R2*

10 A Esfinge do Luxor

Seria uma pena (e um tanto difícil) não ver a esfinge de dez andares (maior que a original) que monta guarda no Luxor *(p. 72)*. Tem-se a melhor vista desse marco quando se está aterrissando no Aeroporto Internacional McCarran. *Luxor Hotel & Casino, 3900 Las Vegas Blvd S. • Mapa R1*

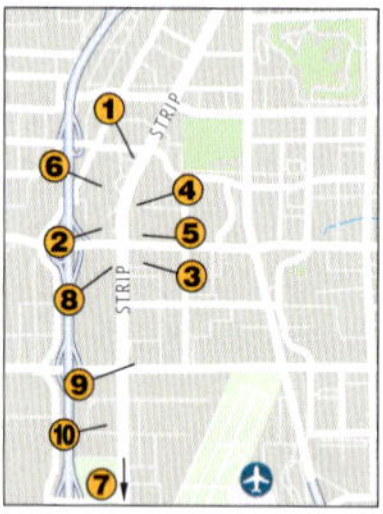

Veja mais sobre diversão barata na **p. 82**

O vulcão do Mirage; Fonte luminosa, Bellagio; Letreiro de fibra óptica do MGM Grand

TOP 10 Para Ver o Movimento

1 Saguão do Bellagio

Acomode-se num sofá para ver o *jet set* desfilar suas joias. Aplaque a inveja ao som do piano do Petrossian, bar de caviar, e aprecie a arte maravilhosa no teto. *Bellagio, 3600 Las Vegas Blvd S. • Mapa Q1-2*

2 Fontes das Miracle Mile Shops

Quando se cansar das compras, sente-se perto da fonte no centro das Miracle Mile Shops, no Planet Hollywood, e veja a dança da água iluminada, ao som de música original. *Planet Hollywood, 3667 Las Vegas Blvd S. • Mapa Q2*

3 Estrelas à Mesa

As celebridades jogam em cassinos de classe como MGM Grand, Bellagio e Caesars Palace, em geral no período das 23h à 1h, nos fins de semana.

4 Mon Ami Gabi

Pegue uma mesa na calçada, aproveite o clima e assista ao show da fonte do Bellagio. *Paris Las Vegas Hotel, 3655 Las Vegas Blvd S. • Mapa Q2*

6 Bodies... The Exhibition

Explore a beleza da anatomia humana. Essa exposição no Luxor *(p. 72)* ilustra as maravilhas do nosso corpo. Gera curiosidade e espanto. *Luxor Hotel & Casino, 3900 Las Vegas Blvd S. • Mapa R1*

7 Locações de Cinema

Investigue onde as estrelas estão todo dia ligando para 702 486 2727. Você será informado sobre a convocação de elenco diária e os locais de filmagem.

8 Letreiros de Fibra Óptica

Um número crescente de letreiros enormes, como o do MGM, tem surgido na Strip. Olhe para alguns deles para ver os seus amigos de uma nova perspectiva. *MGM Grand, 3799 Las Vegas Blvd S. • Mapa R2*

9 Terceiro Andar do Cosmopolitan

Sente-se numa das confortáveis cadeiras perto da mesa da piscina para observar o vaivém das pessoas até os restaurantes. *3708 Las Vegas Blvd S. • Mapa Q1-2*

5 Passarelas na Strip

Você pode atravessar o Las Vegas Boulevard sem fazer roleta-russa na rua, e aproveitar os maravilhosos pontos de observação da agitação logo abaixo. *Mapa N-R2*

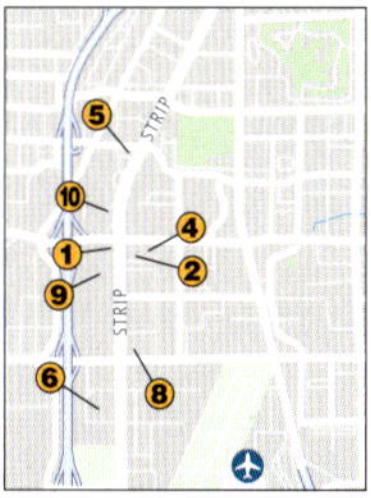

10 Forum Shops no Caesars

Os cafés e os bancos dentro desse centro de compras são ótimos para relaxar e acompanhar o movimento *(pp. 26-7)*. *Caesars, 3570 Las Vegas Blvd S. • Mapa P1-2*

Luzes da Fremont Street Experience; Loja de penhores em Vegas

Centro

O CENTRO DE LAS VEGAS *não é um lugar de templos financeiros de vários andares. É um conglomerado de prédios públicos, atrações de parque de diversão, cassinos não tão sedutores, lojas de suvenires e diversas casas de penhores. O núcleo da região tem uma fileira de cassinos iluminados por neon e, desde meados dos anos 1990, diversão gratuita na Fremont Street Experience. Essa zona de vida noturna não vai desaparecer, e um programa de revitalização de grande escala já transformou o centro de Las Vegas em crescente polo de artes, cultura e empreendimentos.*

Fremont Street Experience; Old Las Vegas Mormon Fort Historic State Park

TOP 10 Atrações

1. Luzes de Neon no Centro
2. Fremont Street Experience
3. Cassinos do Centro
4. Vista da Stratosphere Tower
5. Old Las Vegas Mormon Fort Historic State Park
6. Casas de Penhores
7. Festas de Rua
8. Placa do Vegas Vic
9. Museu da Máfia
10. Plaza Hotel-Casino

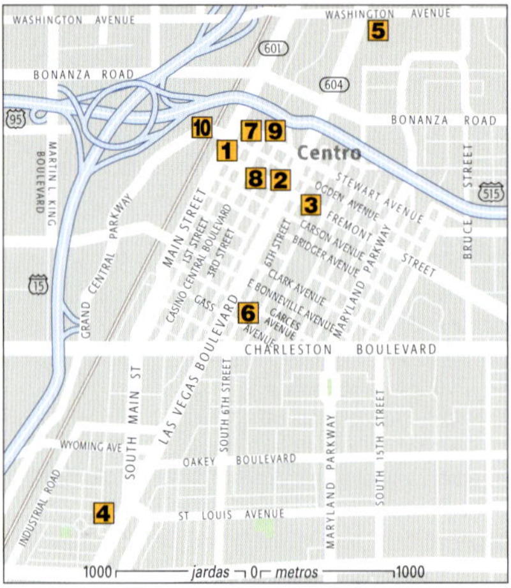

1 Luzes de Neon no Centro

Essa área engloba cerca de oito quadras limitadas pela Fremont Street entre as ruas Main e Fourth. Nesse trecho está a maior concentração de neon do planeta. Não só os cassinos da Fremont Street são decorados com neon, mas as placas de ruas e os shows de luzes *(p. 82)* contribuem para a luminosidade. À noite, obviamente, a iluminação fica mais intensa. A multidão no calçadão de comércio é grande até após a meia-noite, e a diversão ajuda no clima de festa *(pp. 12-3)*.

Stratosphere Tower

2 Fremont Street Experience

A Fremont Street Experience compõe-se de uma tela de LEDs de 457m de comprimento, tirolesas abaixo da tela e um calçadão para pedestres. Ganha vida à noite, com espetáculos de luz e som e entretenimento ao vivo *(p. 82)*. Durante o ano há eventos especiais, como o dia da celebração de São Patrício, em março, a Parada Gay, em setembro, e o desfile do Dia dos Veteranos, em novembro. ⊗ *Fremont St, entre Main e 4th • Mapa K4*

3 Cassinos do Centro

Além de toda a atividade ao ar livre na Fremont Street, há a movimentação também dentro dos cassinos. Eles podem não ser tão fascinantes como nos grandes hotéis da Strip, mas as casas da Fremont Street e de outros locais no centro têm mais história – alguns remontam aos anos 1940. Eles também são famosos pelas refeições baratas.

4 Vista da Stratosphere Tower

Talvez você não consiga enxergar com perfeição o tempo todo, mas do alto dessa torre, em dia claro, poderá ver pedaços do Arizona e da Califórnia. Conte os 40 segundos que os elevadores de alta velocidade levam para chegar até o andar do observatório, cercado de vidro do piso ao teto, que se encontra 275m acima do nível da rua. A torre é um dos pontos preferidos dos turistas depois do pôr do sol, para ver as luzes hipnotizantes do centro de Las Vegas e ao longo da Strip. Se quiser uma vista linda com injeção de adrenalina, pague para subir num dos brinquedos no topo. O Big Shot *(p. 56)* é dos preferidos. ⊗ *2000 Las Vegas Blvd S. • Mapa L-M3*

5 Old Las Vegas Mormon Fort Historic State Park

Os mórmons construíram o forte e também o entreposto comercial em 1855, a fim de se defender dos indígenas americanos, que acabariam se mostrando pacíficos. É a mais antiga construção do gênero em Nevada, mas da estrutura original resta só um prédio pequeno de adobe, que fazia parte da paliçada remanescente. ⊗ *500 Washington Ave E. • Mapa J5 • Aberto 8h-17h seg-sex • 702 486 3511 • Entrada paga*

Veja mais sobre o centro de Las Vegas nas **pp. 12-3**

Vista noturna do Centro de Las Vegas

6 Casas de Penhores

No centro existem várias lojas de penhores, cada qual com seu sortimento de joias, aparelhos eletrônicos e quinquilharias. A mais famosa delas é a Gold & Silver Pawn, que aparece no reality show *Trato feito – Las Vegas*. Quase sempre há fila no quarteirão para entrar na loja. Pare na Las Vegas Toy Shack, na Fremont Street, para encontrar o "cara dos brinquedos" do programa e ver brinquedos antigos. *713 Las Vegas Blvd S. • Mapa K4*

7 Festas de Rua

O crescimento e a revitalização do Centro de Las Vegas geraram algumas festas de rua. No Arts District, a First Friday atrai o público para conhecer as galerias e os artistas. A Vegas Streats é uma reunião de trailers de comida típica misturados a música ao vivo e brincadeiras, no segundo sábado do mês, perto do El Cortez Hotel. *1ª sex, no centro • Vegas Streats, 600 Fremont St, no El Cortez • Mapa K4*

Ano-Novo no Centro de Las Vegas

Ao longo da história, o centro foi o lugar preferido pelos moradores de Las Vegas para comemorar o Ano-Novo. Desde o advento da Fremont Street Experience, os festejos tornaram-se mais sofisticados, com música ao vivo e outras atrações, comes e bebes, contagem regressiva, fogos de artifício e dança. Claro que também há chapéus de papel e buzinas. Mas, ao contrário da maioria dos eventos na Fremont Street em outros dias do ano, algumas das festas do Ano-Novo são pagas.

8 Placa do Vegas Vic

Com 16m de altura, o Vegas Vic é um sobrevivente da fase inicial dos cassinos. Nos velhos tempos, ele não só fumava e acenava como também dizia "Howdy pardner, welcome to Las Vegas" ("Olá, parceiro, bem-vindo a Las Vegas"). Vic hoje é símbolo da cidade e cenário das fotos de milhares de turistas. *25 Fremont Street • Mapa K4*

Forte mórmon

9 Museu da Máfia

A conhecida história de Las Vegas está entrelaçada com a máfia e em evidência no antigo tribunal, um dos mais velhos edifícios da cidade. Além de exposições específicas sobre Las Vegas, o museu investiga em profundidade o crime organizado, mostrando objetos e relatos verdadeiros. Algumas armas, instrumentos de escuta e fotos do local de crimes são exibidos lado a lado com depoimentos de participantes a respeito dos maiores nomes do crime organizado, entre eles Al Capone, Ben Siegel, Frank Rosenthal e Whitey Bulger. A mostra também examina mitos populares sobre a máfia, distinguindo fato e ficção, e o que ocorre com figuras ilustres quando se aposentam, morrem ou fazem parte do programa de proteção a testemunhas. *300 Stewart Ave • Mapa J4*

10 Plaza Hotel-Casino

Visto da Main Street, o Plaza pode parecer um cassino qualquer, mas está em solo histórico. Erigido nos anos 1970, o Plaza situa-se no local do nascimento de Las Vegas, a primeira estação da ferrovia Union Pacific. Ela não existe mais, mas os trilhos se encontram nos fundos do hotel. O Plaza possui a única sala de bingo do centro de Las Vegas. As rodas de bingo ocorrem de duas em duas horas, com início às 11h e término às 21h. *1 Main St com Fremont Street • Mapa J4*

O Centro à Noite

Fim da Tarde

Inicie a excursão no meio ou fim da tarde, visitando o **Mormon Fort** *(p. 79)*. Reserve mais tempo se você for fã de história.

Depois, explore o passado de Las Vegas indo ao **Neon Museum** *(p. 45)* e ao **Museu da Máfia**. Informe-se antes para saber se estão abertos.

Dê-se ao luxo de uma noite especial jantando num dos restaurantes elegantes do centro, como o Vic & Anthony's, no Golden Nugget Casino (129 Fremont St), que tem decoração refinada, ou o romântico Hugo's Cellar, no Four Queens (202 Fremont St).

Noite

Após o jantar, ande pelo calçadão da Fremont Street, parando para ver quem passa na tirolesa e os músicos que tocam na rua. Se gosta de jogar, entre no cassino do El Cortez Hotel (600 Fremont Street).

Conheça o cassino do **Plaza** e depois desça até a Main Street Station. Pegue ali um folheto com mapa e uma lista de tesouros – como postes de iluminação de Bruxelas e um pedaço do Muro de Berlim – incorporados à decoração dos prédios.

De volta à **Fremont Street Experience** *(p. 79)*, veja o show de luz e som e siga para a **Stratosphere** *(p. 79)* a fim de fechar a noite com uma vista estonteante da cidade.

Fremont Street Experience; Artistas de rua

TOP 10 Comida e Diversão com Economia

1 Fremont Street Experience

Com início ao anoitecer, os espetáculos de luz e som da Fremont Street fazem a rua cintilar de vida. Os imensos espetáculos ocupam quatro quadras e são apresentados por meio de 1,5 milhão de luzes LED. ⊗ *Mapa K4*

2 In-N-Out Burger

A mais antiga rede drive-thru de hambúrgueres do país é o lugar certo para quem tem fome mas não tempo. Entre os itens do cardápio "secreto" da lanchonete está o hambúrguer ao "estilo animal", com carne cozida na mostarda e cebola grelhada. O hambúrguer ao "estilo proteína" vem sem o pão. ⊗ *Vários locais em Las Vegas*

3 Coquetéis de Camarão do Golden Gate

Há anos os coquetéis de camarão fresco são o chamariz do Golden Gate – já foram vendidos 40 milhões deles. Preço: US$2,99. ⊗ *1 Fremont Street • Mapa K4*

4 Ver Gente

Pelo clima descontraído, há uma mistura de pessoas interessantes no centro. Olhe para cima e veja-as passar nas tirolesas.

5 Margaritas do Sam Boyd's

Os conhecedores garantem que as margaritas de 99 centavos servidas nos bares de cassino são tão boas quanto as que custam quatro vezes mais em outros lugares. ⊗ *Sam Boyd's Fremont Hotel & Casino, 200 Fremont Street • Mapa K4*

6 Aloha Specialties

Alguns pratos não pesam no bolso, especialmente entre as 9h e 21h. ⊗ *California Hotel & Casino, 12 Ogden Ave E. • Mapa J4*

7 Sourdough Cafe

Relíquia do passado, esse café de cassino da zona leste de Las Vegas serve ovos com presunto ou steak por US$4,44 (US$3,99 para quem tem cartão de jogador). ⊗ *Arizona Charlie's Boulder Casino, 4575 Boulder Hwy • Mapa E4*

8 Artistas de Rua

A Fremont Street fica lotada de músicos, artistas e gente fantasiada. Aproveite, mas dê gorjeta aos fotografados.

9 Máquinas de Videopôquer de Um Centavo

Essas máquinas caça-níqueis dos primeiros cassinos só sobreviveram em alguns lugares, como o Four Queens – embora seja mais provável gastar 45 ou até 90 centavos em cada rodada. ⊗ *Four Queens Hotel and Casino, 202 Fremont St • Mapa K4*

10 Free Slot Pulls

É fácil encontrar hotéis na Fremont Street que oferecem rodadas grátis nos caça-níqueis. O objetivo é atrair clientes, mas ninguém é obrigado a permanecer.

Carrinho de vendedor ambulante; Bonanza Gift & Souvenir Shops; The Funk House

TOP 10 Compras

1 Resnick's Grocery
Rotulada de mercearia urbana com personalidade, essa loja vende produtos ecológicos e orgânicos. ✆ *900 Las Vegas Blvd S. • Mapa J5*

2 The Funk House
Vários artigos dos anos 1950, 1960 e 1970, como abajures, cerâmicas, pinturas, tapetes, anúncios, bijuterias e brinquedos. Entre as vedetes, uma máquina de vender Coca-Cola dos anos 1950 e um carro de pedal. Como a loja é bagunçada, tenha paciência para achar o tesouro ideal. ✆ *1228 S. Casino Center Blvd • Mapa L3*

3 The Attic
Essa loja se diz o maior brechó do mundo, onde o jovem e chique renova tudo. Até o prédio tem um clima retrô *(p. 91)*. ✆ *1025 S. Main Street • Mapa K3*

4 Gambler's General Store
Lugar intrigante mesmo para quem não aposta, essa loja enorme dedica-se à parafernália de jogos. Há mesas para dados, roletas, caça-níqueis antigos e *shoes*, caixas de dar cartas no *blackjack*. ✆ *800 S. Main Street • Mapa K3*

5 Bonanza Gift & Souvenir Shops
A lista de mercadorias nessa loja colossal é tão extensa quanto a imaginação dos fabricantes de suvenires. Você encontra tudo o que pode ser comercializado como lembrança de uma visita a Vegas.

6 Las Vegas Premium Outlets
Perto do centro, esse shopping tem mais de cem lojas que vendem confecções, utensílios domésticos, presentes, joias e comida. Entre as mais sofisticadas estão Banana Republic, Coach, 7 For All Mankind, Burberry e Armani Exchange. ✆ *875 S. Grand Central Parkway • Mapa K3*

7 Red Rooster Antique Mall
Situada no Arts District da cidade, essa cooperativa centra-se em colecionáveis do século XX, como mobília dos anos 1950, roupas e acessórios de jogo. Há vários vendedores com banca própria. ✆ *1109 Western Ave • Mapa L3*

8 Beef Jerky Store
Salmão defumado, soja torrada, ameixa seca, damasco glaceado e biscotti são vendidos em meio a dezenas de tipos de jerky (carne-seca). ✆ *112 N. 3rd Street • Mapa K4*

9 Gypsy Den
Butique antiga e espaço de arte que inspira os consumidores com sua decoração interna. ✆ *213 E. Colorado Ave • Mapa L3*

10 Carrinhos de Ambulantes
Carrinhos espaçados pelo centro da galeria da Fremont Street oferecem óculos escuros, sinos da felicidade, bichos de pelúcia, bonés de beisebol e minicarros de várias marcas e modelos. ✆ *Mapa K4*

Las Vegas Speedway; Chinatown Plaza; Henderson Farmers Market

Além do Neon

OLHE ALÉM DO NEON *para descobrir que Las Vegas, como o deus Jano, tem duas faces. Uma é fantasia e faz de conta; a outra é como a de qualquer cidade americana, com parques populares, universidade próspera, centros comunitários e playgrounds. Las Vegas é uma cidade onde se realiza uma pesquisa significativa nos centros médicos, e onde espetáculos culturais acontecem quase toda noite. É também uma cidade em crescimento, com muitos bairros de minorias étnicas.*

Jardim botânico, UNLV; Campus da UNLV

Atrações

1. Chinatown Plaza
2. Broadacres Marketplace & Event Center
3. Campus da UNLV
4. Dig This
5. Ethel M Chocolate Factory
6. Las Vegas Motor Speedway e Carroll Shelby Museum
7. Masquerade Village Show in the Sky
8. Sunset Park
9. Marjorie Barrick Museum of Natural History
10. Country Fresh Farmers Market

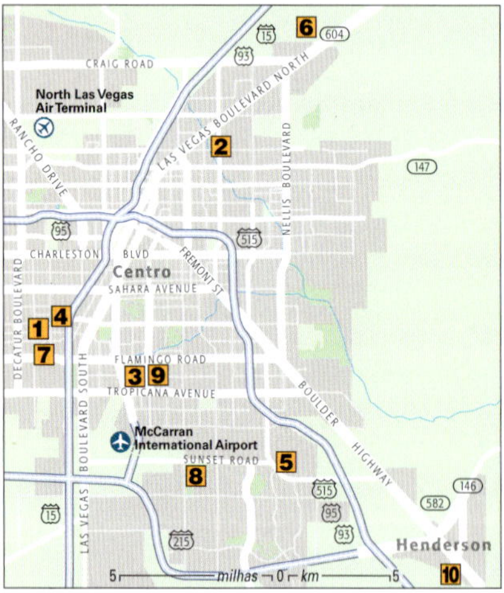

1 Chinatown Plaza

Com telhados de pagode, portal de entrada tradicional e uma estátua do monge mítico Tripitaka e seus companheiros – um porco, um soldado e um macaco –, a Chinatown Plaza propicia uma mescla agradável de Oriente e Ocidente. As lojas são especializadas em artigos americanos e orientais e em peças asiáticas luxuosas. Música chinesa ecoa pelas calçadas cobertas, e por toda a praça a arte burila costumes e tradições da China. Não admira que esse seja um dos lugares para comer a melhor culinária asiática na cidade. Há restaurantes filipinos, coreanos, japoneses e vietnamitas, além dos chineses, claro. *4255 Spring Mountain Rd • Mapa B-C4*

2 Broadacres Marketplace & Event Center

Esse ponto de trocas reúne mais de 1.100 feirantes que vendem antiguidades, brinquedos, calçados e eletrônicos. Embora alguns preços sejam altos, sinta-se à vontade para barganhar. Nos fins de semana, bandas tocam ao vivo num palco grande com área coberta para a plateia. As bancas vendem de tudo, de burritos a pratos de churrasco. *2390 Las Vegas Blvd N. • Mapa D2*

3 Campus da UNLV

Entre os locais preferidos dos moradores da cidade para caminhar está o campus da Universidade de Nevada em Las Vegas, fundado em 1957. A universidade pode não ter edifícios notáveis, mas há a sombra das árvores, e no começo da noite os caminhos ficam felizmente mais vazios. Não perca o delicado jardim de deserto. O campus fica menos cheio no verão, por causa do calor. *S. Maryland Parkway • Mapa Q4*

4 Dig This

Para quem sempre quis saber como é trabalhar num canteiro de obras, esse parque de máquinas pesadas é um sonho. Escolha um buldôzer ou uma escavadeira, faça uma aula breve para se orientar e então participe de uma das muitas atividades, como construir montes, empilhar pneus e cavar valas profundas. Se o tempo permitir, os visitantes ganham bônus nas máquinas para brincar como desejarem. Faça reserva com alguma antecedência para garantir a máquina desejada. Os participantes devem ter mais de 14 anos ou medir mais de 1,22m. *3012 Rancho Dr • Mapa N1*

Chinatown Plaza

Cassinos Além do Neon

Embora nas últimas décadas Las Vegas tenha crescido com centros de compras e núcleos comerciais em vários bairros, quase todos os hotéis-cassinos concentraram-se em duas regiões – o Centro e a Strip. Nos anos 1980, quando a população da cidade iniciou um crescimento explosivo, foram construídos alguns hotéis-cassinos de bairro. Os turistas que se aventuram além do neon para jogar talvez se sintam agradavelmente surpresos de descobrir um clima amistoso e uma vizinhança encantadora *(p. 88)*.

5 Ethel M Chocolate Factory

Faça um passeio gratuito para ver as cozinhas brancas, imaculadas, cercadas de vidro, onde confeiteiros aplicados preparam suas gostosuras. Saiba o que fazem as grandes máquinas de aço inoxidável e admire os confeitos embalados em papel-alumínio nas cores de esmeralda, rubi, safira e outras joias preciosas. Cada participante do passeio ganha um chocolate no final. Fora da fábrica há um bonito jardim de cactos. *2 Cactus Garden Drive, Henderson • Mapa E5 • Aberto 8h30-18h diariam • Grátis*

Ethel M Chocolate Factory

Sunset Park

6 Las Vegas Motor Speedway e Carroll Shelby Museum

Concluída em 1996, a Las Vegas Motor Speedway, de 120 mil lugares, foi a primeira superpista de corrida construída no Sudoeste dos EUA em mais de duas décadas. Essa construção, de 6,5 mil m², tem catorze pistas, praças de alimentação, três níveis de arquibancada, salas para grupos VIP e 102 camarotes de luxo. Entre as corridas importantes aí realizadas estão as dos eventos da Nascar e da NHRA. Um museu dentro do terreno é dedicado aos mais famosos projetistas automobilísticos e ao ex-piloto Carroll Shelby e seus lindos carros. *7000 Las Vegas Blvd N. • 702 644 4444 • Mapa E1 • Ligue para conferir horários e passeios no museu*

7 Masquerade Village Show in the Sky

O conjunto foi feito para lembrar uma vila de pescadores idílica no norte da Itália. O "show no céu" consiste em quatro carros alegóricos luxuosos que andam por uma pista acima do perímetro da aldeia. Artistas com roupas típicas lançam miudezas ao público abaixo. *Rio All-Suite Hotel & Casino, 3700 W. Flamingo Rd • Mapa P1 • 888 396 2483 • Shows de hora em hora 18h-23h qui-dom • Entrada paga para passear no carro*

8 Sunset Park

Um dos parques mais frequentados da cidade, o Sunset

tem basquete, tênis e corrida *(p. 61)*, um lugar para empinar pipa e velejar e alguns dos melhores espaços da cidade para piquenique. Abriga ainda um parque bem conservado para brincar com cães. *2601 E. Sunset Rd • Mapa D5*

9 Marjorie Barrick Museum

Esse museu volta-se para animais e insetos do deserto do Sudoeste, bem como para a arte. Reúne ainda peças de antropologia, arqueologia e arquitetura antiga da região. *Campus da UNLV • Mapa Q4 • 702 895 3381 • Aberto 10h-18h ter, qua, sex; 10h-20h qui; 10h-16h sáb e dom • Grátis (contribuições sugeridas)*

10 Country Fresh Farmers Market

O mercado de Henderson começou em 1999 e fica sempre maior. Os agricultores dos vales da Califórnia vendem produtos o ano inteiro; no verão, surgem também produtores de Nevada. Artesãos vendem desde porcelana pintada à mão e bonecas de pano até plantas caseiras e jogos de xadrez. *240 Water St (qui), 200 S. Green Valley Pkwy (sex) • 702 579 9661 • Aberto 9h-16h qui; 10h-16h sex*

Masquerade Village in the Sky

Dois Passeios Além do Neon

Manhã

Comece com um passeio logo cedo pelo campus da UNLV e entre no **Marjorie Barrick Museum.**

Dirija até a **Town Square Las Vegas** *(p. 66)*, onde, se houver crianças no seu grupo, o equipamento de lazer será a atração principal. Não deixe de ver as lojas enquanto estiver lá. Depois siga até a **Ethel M Chocolate Factory** para fazer o passeio grátis e caminhar pelo jardim de cactos. Compre chocolates como recordação do local.

Antes do almoço, vá ao **Broadacres Marketplace** para fazer compras diversificadas e ver o movimento. Depois, pare na Chinatown Plaza para comer algo com toque asiático *(p. 85)*.

Tarde

Inicie no **Nevada State Museum and Historical Society** *(p. 85)* para aprender sobre o "estado da prata". Os fãs de corrida podem ir em seguida à **Las Vegas Motor Speedway**.

Quem quer tentar dirigir uma máquina pesada precisa dar um pulo no **Dig This** para ter uma experiência estimulante. Se ainda lhe sobrar energia, vá ao **Sunset Park**, ótimo lugar para correr ou relaxar, se preferir. Outras áreas ao ar livre oferecem oportunidades para jogar golfe, caminhar e pedalar *(pp. 60-1)*. À noite, visite um cassino dos arredores, para ter uma experiência diferente durante o jogo e no jantar.

J. W. Marriott Las Vegas, com o Rampart Casino; Sunset Station; Texas Station

TOP 10 Cassinos

1 Rio All-Suite Hotel & Casino

O Rio tem mais máquinas de videopôquer que a maioria de seus pares e um clima amistoso nos cassinos, que contam com o comércio local para manter os negócios *(p. 36)*. *3700 W. Flamingo Rd • Mapa P1 • 888 396 2483*

2 Rampart Casino

Ambiente de jogo aconchegante com salão sofisticado e descontraído, distante da multidão da Strip *(p. 36)*. *221 N. Rampart Blvd • Mapa A3 • 702 869 7777*

3 Santa Fe Station

Cassino médio (2.900 caça-níqueis), o Santa Fe é mais frequentado por moradores e um dos mais agradáveis nessa área da cidade *(p. 36)*. *4949 N. Rancho Drive • Mapa A1 • 800 678 2846*

4 Green Valley Ranch Resort

Inspirado nos grandes cassinos da Europa, o Green Valley tem mais de 2 mil máquinas de jogos e 55 mesas. *2300 Paseo Verde Parkway, Henderson • 702 617 7777*

5 Fiesta Rancho

De garçonetes com roupas de cetim aos tapetes alegres, esse cassino tem clima de festa *(p. 37)*. *2400 N. Rancho Drive • Mapa B2 • 702 631 7000*

6 Texas Station

O tema é uma cidade do século XIX no estado do Texas, com rodas de carroça e barris de pólvora. *2101 N. Rancho Drive • Mapa B2 • 702 631 1000*

7 Sunset Station

Cassino de tema mediterrâneo, com sacadas de ferro. A luz natural o torna mais agradável que a maioria. *1301 W. Sunset Rd, Henderson • Mapa F6 • 702 547 7777*

8 Sam's Town

Um dos maiores cassinos fora da Strip, com milhares de máquinas de caça-níqueis, videopôquer e *kenô*. *5111 Boulder Hwy, Las Vegas • Mapa E4 • 702 456 7777*

9 The Orleans

Há um quê de Mardi Gras no cassino, que se baseia no Vieux Carré de New Orleans. *4500 W. Tropicana Ave • Mapa B4 • 702 365 7111*

10 Arizona Charlie's

Entre as alusões a um rancho estão lustres de chifres de antílope. Pôquer *pai gow* e *royal match 21* estão entre os jogos disponíveis. *740 S. Decatur Blvd • Mapa B3 • 702 258 5200*

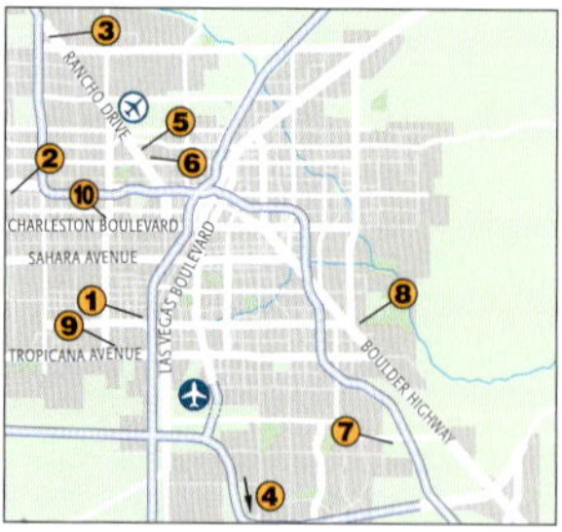

Veja mais sobre hotéis e cassinos nas **pp. 32-7**

Polo Towers; Rio All-Suite Hotel & Casino

Categorias de Preço

Diária de quarto de casal (com café da manhã, se houver), impostos e taxa de serviço.	
$	até US$50
$$	US$50-100
$$$	US$100-150
$$$$	US$150-200
$$$$$	acima de US$200

TOP 10 Hotéis e Motéis

1 JW Marriott Las Vegas

Esse resort tem um terreno suntuoso, com piscinas, lagos e árvores. Há campos de golfe, spa relaxante e ótimos restaurantes, como o Spiedini, de Gustav Mauler. *221 N. Rampart Blvd • Mapa A3 • 702 869 7777 • $$$$*

2 Rumor

Transpirando modernidade, o Rumor é um dos poucos hotéis-butique de Las Vegas. Recebe animais de estimação. *455 E. Harmon Ave • Mapa Q3 • 702 369 5400 • $$*

3 Polo Towers

Apartamentos de resort com pernoite quando não ocupados pelos sócios do clube de férias. Ótimo para famílias. *3745 Las Vegas Blvd S. • Mapa Q2 • 800 935 2233 • $$$*

4 Rio All-Suite Hotel & Casino

Ideal para turistas que desejam um resort completo sem as aglomerações da Strip *(p. 33)*. *3700 Flamingo Rd W. • Mapa P1 • 888 396 2483 • $$$*

5 Palms Casino Resort

O Palms oferece vistas belíssimas de Las Vegas. A Hardwood Suite é uma grande atração. *4321 W. Flamingo Rd • Mapa B4 • 702 942 7777 • $$$*

6 Artisan

Sem jogos, o Artisan tem clima sombrio, gótico, com muitas obras de arte. *1501 Sahara Ave W. • Mapa M2 • 702 214 4000 • $$$$$*

7 The Orleans

Hotel com tema do French Quarter de New Orleans – janelas verdes, persianas e sacadas de ferro. *4500 W. Tropicana Ave • Mapa B4 • 702 365 7111 • $$*

8 Sunset Station

Aproveite quase todas as diversões de Las Vegas em local distante da Strip: compras na Galleria *(p. 52)*, golfe e cassino. *1301 W. Sunset Rd, Henderson • Mapa F6 • 702 547 7777 • $$*

9 M Resort

Resort chique com 390 quartos situado 16km ao sul da Strip. Oferece vista sem obstáculos do vale de Las Vegas, além de várias opções de alimentação e um spa de primeira classe *(p. 37)*.

10 Santa Fe Station

Sucesso entre quem adora férias agitadas, com boliche de 60 pistas e aulas de dança country. Há também pacotes de golfe. *4949 N. Rancho Drive • Mapa A1 • 800 678 2846 • $$*

Todos os hotéis listados aceitam cartões de crédito e têm banheiro no quarto e ar-condicionado

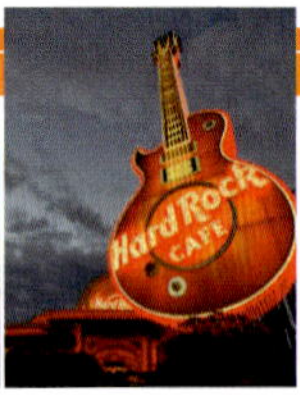

Categorias de Preço	
Refeição para uma pessoa com três pratos, meia garrafa de vinho, impostos e serviço.	**$** até US$20
	$$ US$20-30
	$$$ US$30-45
	$$$$ US$45-60
	$$$$$ acima de US$60

Wienerschnitzel; Hard Rock Café

TOP 10 Restaurantes para Famílias

1 Fatburger

Hambúrgueres grandes, fritas bem servidas e clima anos 1950 tornam a Fatburger uma das lanchonetes prediletas de Vegas. A jukebox empresta autenticidade e charme antigo à decoração. *3763 Las Vegas Blvd S. (e outros locais) • Mapa R2 • 702 736 4733 • $*

2 Hard Rock Café

Supersanduíches de bacon, alface e tomate, ótimos hambúrgueres e torta de maçã. *3771 Las Vegas Blvd S. • Mapa Q2 • 702 733 7625 • $$*

3 Original Pancake House

Porções grandes de panquecas divinas. E em diversas variedades: mirtilo, maçã, panquecas alemãs tão grandes quanto o prato ou bolinhos quentes do tamanho de um dólar de prata. *4833 W. Charleston Blvd • Mapa B3 • 702 259 7755 • $*

4 Omelet House

Esse ponto discreto de café da manhã serve aos menores de 10 anos refeições que satisfazem até adultos. *2160 W. Charleston Blvd • Mapa L2 • 702 384 6868 • $*

5 Wienerschnitzel

Compre nessa banca cachorros-quentes com os recheios tradicionais ou variações. *4680 E. Flamingo Rd (e outros locais) • Mapa E4 • 702 362 0418 • $*

6 Romano's Macaroni Grill

Bruschetta com várias opções de cobertura, muçarela frita, panini à italiana e massa de dar água na boca. *2400 W. Sahara • Mapa C3 • 702 248 9500 • $$*

7 Lotus of Siam

Restaurante tailandês informal conhecido pelo pad thai e pelo ótimo serviço. *953 E. Sahara Ave • Mapa M4 • 702 735 3033 • $$*

8 BJ's Restaurante & Brewhouse

Saladas, sanduíches, massas e carnes, mas a melhor pedida são as pizzas gourmet. Os pratos do dia no almoço são estupendos. *10840 W. Charleston Ave • 702 853 2300 • $*

9 Mimi's Café

Comida reconfortante em ambiente acolhedor. Refeições grandes e substanciosas. *6790 N. Durango Dr • 702 645 3688 • $$*

10 Buca di Beppo

Há pratos do tipo família e grandes garrafas de vinho para se deliciar nessa cantina italiana típica. *412 East Flamingo Rd • Mapa Q3 • 702 866 2867 • $$*

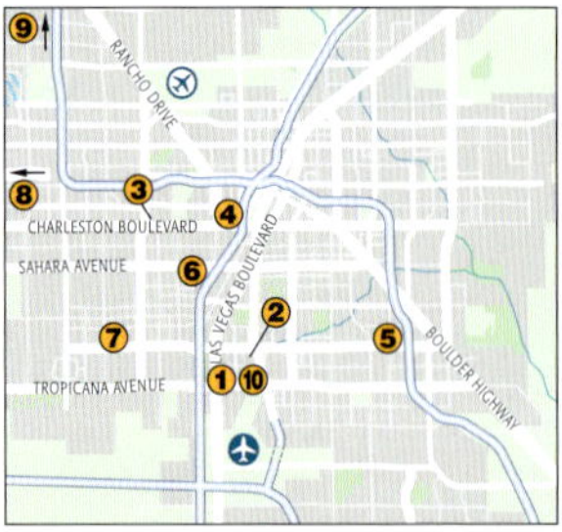

Veja bares de saladas, bufês e brunches nas **pp. 48-9**

Indoor Swap Meet; Chinatown Plaza

TOP 10 Compras

1 Chinatown Plaza
Centro comercial que atende à numerosa comunidade asiática da cidade e também a turistas do mundo todo. Na época de festas *(p. 58)*, bolos da lua e quitutes para datas comemorativas se empilham nos balcões *(p. 85)*.

2 The Attic
Maior loja do mundo de roupas antigas e acessórios como casquetes e bijuteria dos anos 1940, smokings dos 1960 e calças curtas e óculos com lantejoulas no estilo dos anos 1950. ✆ *1025 S. Main St • Mapa K3 • www.atticvintage.com*

3 Antique Mall of America
Mais de cem bancas com uma mistura eclética de antiguidades, objetos de coleção, bijuterias, móveis e muito mais. ✆ *9151 Las Vegas Blvd S.*

4 Las Vegas Premium Outlets
Lugar realmente fabuloso para qualquer um que tenha gosto de "diamante" mas carteira de "ametista". ✆ *7400 Las Vegas Blvd S. • Mapa C6*

5 Fantastic Indoor Swap Meet
A reunião de trocas é o equivalente americano do mercado de pulgas europeu: utensílios de cozinha antigos, correntes de pneu, pão caseiro, cadeiras sem par e assim por diante. ✆ *1717 S. Decatur Blvd • Mapa B3 • Aberto sex-dom*

6 Cost Plus World Market
Bazar de importados com bonitos artigos de mesa, móveis, comestíveis e objetos de arte de todo canto do mundo. ✆ *2151 N. Rainbow Blvd • Mapa A2*

7 Sheplers
Os caubóis de Nevada compram na Sheplers gravatas de cordão, botas, jaquetas de pele, cintos com fivelão e chapéus típicos. ✆ *4700 W. Sahara Ave • Mapa B3*

8 Total Wine
Loja enorme com 8 mil vinhos, 3 mil aguardentes e 2.500 cervejas. O pessoal entende do assunto. ✆ *730 Rampart Blvd*

9 Bell, Book, & Candle
Talismãs, bolas de cristal, tarô e outros objetos esotéricos. Também há aulas de bruxaria. ✆ *1725 E. Charleston Blvd • Mapa D3*

10 Susie's Deals
Ampla variedade de roupas para toda a família, por preços razoáveis. ✆ *1159 E. Twain Ave • Mapa P4*

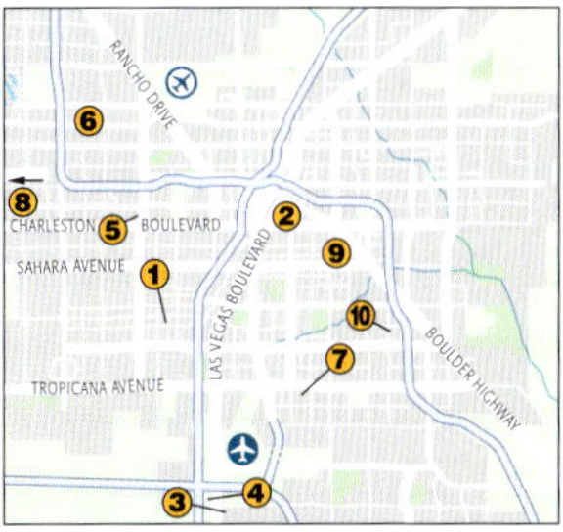

Veja mais sobre compras nas **pp. 52-5, 83 e 116**

Hoover Dam; Boulder City/Hoover Dam Museum; Cruzeiro no Lago Mead

Lago Mead, Hoover Dam e Laughlin

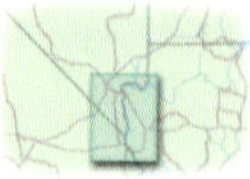

A REPRESA HOOVER CERTAMENTE *mudou a paisagem do Oeste americano. Não só permitiu a geração de vasta quantidade de energia elétrica e ajudou a conter enchentes como também abasteceu de água cidades e lavouras por todo o Sudoeste dos EUA e o México. Os derivados comerciais em Nevada – o lago Mead, Boulder City e a cidade balneária de Laughlin – injetaram bilhões de dólares na economia do estado e propiciaram oportunidades de lazer a centenas de milhões de turistas.*

Vista do centro de visitantes da Hoover Dam; Lago Mead

TOP 10 Atrações

1. Passeio na Hoover Dam
2. Boulder City Historic District
3. Boulder City/Hoover Dam Museum
4. Lake Mead National Recreation Area
5. Marinas e Praias do Lago Mead
6. Laughlin's Casino Row
7. Lago Mohave
8. Petróglifos Perto de Laughlin
9. Oatman, Arizona
10. Avi Resort and Casino

Passeio na Hoover Dam

1 Passeio na Hoover Dam

Comece a visita pelo centro de visitantes, de três andares, agarrado à parede do cânion de Nevada. A partir daí, guias do Bureau of Reclamation (superintendência de águas) oferecem opções de passeio pela usina hidrelétrica ou pela própria represa. Há apresentações de filme e de áudio, mostras e outros meios para contar a história do assentamento no rio Colorado e detalhes sobre a tecnologia empregada na distribuição de água e geração de energia hidrelétrica. Veja do alto do centro de visitantes a represa, o lago Mead atrás e o rio Colorado abaixo *(p. 10)*. *Horários variados, Hoover Dam • 702 494 2517 • Reservas para passeio 866 730 9097*

2 Boulder City Historic District

Vale a pena ir a Boulder City durante a viagem à represa Hoover para avaliar o volume das obras realizadas – a cidade foi construída como comunidade-modelo para abrigar os operários da represa. Os maiores prédios são os das chefias do Bureau of Reclamation e do Bureau of Light, o Municipal Building e o Boulder Dam Hotel. Porém, a maior parte da obra concentrou-se nas casas de dois ou três quartos destinadas aos operários *(p. 11.)* *Informação no Hoover Dam Museum • Hwy 93 com Lagoshore Rd • 702 294 1988*

3 Boulder City/ Hoover Dam Museum

Erigido em 1933, o Boulder Dam Hotel, de estilo colonial holandês, hoje abriga o Boulder City/ Hoover Dam Museum. O ator Boris Karloff e outras estrelas de Hollywood hospedaram-se no hotel em seu auge, e o príncipe herdeiro Olavo e a princesa Marta, da Noruega, deram uma festa no hotel em 1939. Fora da cidade, o hotel perdeu a posição de meca turística quando Las Vegas ascendeu no pós-guerra, mas, em meados dos anos 1990, um grupo de voluntários se pôs a reabilitá-lo. O museu tem recordações dos anos 1930 *(p. 11.)* *1305 Arizona St, Boulder City • 702 294 1988 • Aberto 10h-17h seg-sáb • Entrada paga*

4 Lake Mead National Recreation Area

Concluída a Hoover Dam em 1935, as águas do rio Colorado encheram os cânions profundos que se erguiam do rio para criar um reservatório enorme. Esse lago, com 1.120 km de orla, é a parte principal do Lake Mead National Recreation Area, com área de 6 mil km². *Informação no Alan Bible Visitor Center • 601 Nevada Way, Boulder City • 702 293 8990 • www.nps.gov/lake*

Boulder City Historic District

Veja mais sobre a Hoover Dam nas **pp. 10-1**

A História de Laughlin

Don Laughlin abriu seu motel de quatro unidades e bar com cerca de doze caça-níqueis às margens do rio Colorado, na mesma semana de 1966 em que foi inaugurado o luxuoso Caesars Palace em Las Vegas. A cidade de Laughlin (nome do chefe dos correios em 1977) é hoje a terceira do setor de jogos em Nevada, superada por Las Vegas e Reno.

5 Marinas e Praias do Lago Mead

As marinas e as praias do lago Mead vão de belas angras a longas faixas de areia. As mais procuradas são Lake Mead RV Village, Echo Bay, Boulder Beach, Lake Mead Marina e Temple Bar. Todas têm pontos completos para trailers e mantimentos em lojas próximas. As enseadas preferidas para casas flutuantes são a Boxcar e a Icebox. As marinas de Callville Bay, Las Vegas Boat Harbor e Lake Mead ficam perto da represa Hoover, e a marina Temple Bar serve ao lado sudeste do lago. *Informação no Alan Bible Visitor Center • 702 293 8990*

6 Laughlin's Casino Row

Os estabelecimentos ao longo da South Casino Drive, em

Casino Row, Laughlin

Laughlin, podem não ser deslumbrantes como os da Strip, mas o preço vale a pena. É mais fácil se locomover nessa cidade que em Vegas: um calçadão à beira-rio liga a maioria dos cassinos, ou se pode pegar um ônibus ou barco. Também há excursões pelo rio Colorado. *145km S de Las Vegas • www.visitlaughlin.com*

7 Lago Mohave

O lago, com 107km de comprimento, estende-se de baixo da represa Hoover até a represa Davis, 3,5km ao norte de Laughlin, e tem apenas 6,5km de largura no ponto mais amplo. O National Park Service Visitor Center, em Katherine Landing, logo ao norte de Laughlin, oferece passeios gratuitos guiados por guardas-florestais. Alugam-se barcos e material de pesca em Katherine Landing, Willow Beach Marina e Cottonwood Cove. No lago Mohave têm sido pescados robalos de tamanho recorde. *Parte do Lake Mead National Recreation Area • Entrada paga no parque • www.nps.gov/lake*

Echo Bay, Lago Mead

8 Petróglifos Perto de Laughlin

Christmas Tree Pass e Grapevine Canyon, logo a oeste de Laughlin na Hwy 163, são os melhores lugares para ver os fascinantes petróglifos inscritos nos paredões dos cânions pelos pataias, grupo indígena ancestral. Os desenhos e símbolos podem ter servido de mapa de caminhos naquela época, orientando caçadores e pescadores. O pessoal do National Park Service já localizou mais de 150 acampamentos dos pataias entre a represa Davis e a praia Willow, que se localiza a 16km da base da represa Hoover. *Parte do Lake Mead National Recreation Area • www.nps.gov/lake*

Petróglifo nos arredores de Laughlin

9 Oatman, Arizona

Há cerca de um século, Oatman era um próspero centro de mineração. Hoje, os visitantes são transportados ao tempo do Velho Oeste: em Oatman, jumentos perambulam pelas ruas e tiroteios são representados por atores no meio da cidade. O Oatman Hotel foi onde se hospedaram os recém-casados Clark Gable e Carole Lombard, em 1939. A cidade serviu de cenário para diversos filmes, como *A conquista do Oeste*, de John Houston. *Informação geral: 928 768 6222*

10 Avi Resort and Casino

Em 1995, a tribo indígena de Fort Mojave inaugurou o primeiro cassino pertencente a nativos e o único negócio de jogos de azar conduzido por índios americanos em operação conforme as leis estaduais. "Avi" significa dinheiro ou trocados. O resort fica em uma área na qual a tribo pretende criar um bairro planejado *(p. 97)*.

Dois Dias na Represa e em Laughlin

Primeiro Dia

Comece cedo com um café no Railroad Pass Casino, na Hwy 93, antigo refúgio de apostadores. Depois, vá pela Hwy 93 até a histórica **Boulder City** e a **Hoover Dam** *(p. 93)* para fazer um passeio incrível.

Volte pela Hwy 93 até o cruzamento com a Hwy 95 e vire a sul para Laughlin. Pare no **Nugget**, no Searchlight *(p. 96)*, para almoçar e visitar um cassino típico de cidade pequena em Nevada.

Para ver um caminho mais pitoresco, saia da 95 e siga a oeste, por estrada de terra, até o Christmas Tree Pass. Passe o resto do dia em **Laughlin**, talvez à caça de pechinchas no Laughlin Outlet Center, com 50 lojas.

Pernoite no **Harrah's** *(p. 97)* ou em outro hotel junto ao rio e não deixe de caminhar à noite ao longo da margem do rio.

Segundo Dia

No dia seguinte, bem cedo, os golfistas podem jogar em qualquer uma das seis áreas nos gramados de campeonato – aí se pode jogar em três estados: Nevada, Arizona e Califórnia.

Mais tarde, vá a **Oatman**, antiga cidade do Oeste a cerca de meia hora de carro a sudeste de Bullhead City. À tarde, dirija-se ao norte até o **Lago Mohave**. Reserve um tempo para ver os misteriosos **petróglifos** do Grapevine Canyon, junto à Hwy 163, antes de retornar ao seu hotel em Laughlin.

Categorias de Preço

Refeição para uma pessoa com três pratos, meia garrafa de vinho, impostos e serviço.	
$	até US$20
$$	US$20-30
$$$	US$30-45
$$$$	US$45-60
$$$$$	acima de US$60

Nugget Restaurant, Searchlight; Boulder Dam Brewing Company, Boulder City

TOP 10 Restaurantes

1 Boulder Dam Brewing Company, Boulder City

Restaurante de família com cervejas próprias e ótima comida. As paredes são decoradas com objetos das obras da represa. Há também um belo jardim com mesas.
453 Nevada Hwy • 702 243 2739 • $

2 Toto's Mexican Restaurant, Boulder City

Pratos mexicanos típicos – burritos, tacos, enchiladas – feitos com talento nessa rede popular.
806 Buchanan Blvd • 702 293 1744 • $

3 Nugget Restaurant, Searchlight

Destaca-se o mural do *Searchlight*, barco fluvial dos anos 1880. O prato da casa é um pão de milho enorme com linguiça, ovos mexidos e molho de carne.
100 Highway 95 • 702 297 1201 • $

4 The Steakhouse, Laughlin

Com cara de vagão de passageiros vitoriano, a Steakhouse tem ambiente romântico, aconchegante, e um cardápio contemporâneo.
Tropicana Express Hotel & Casino, 2121 S. Casino Drive • 888 888 8695 • $$$

5 The Lodge, Laughlin

Deliciosa cozinha americana servida sob telhado com vigas aparentes e diante de uma lareira crepitante.
River Palms Resort Casino, 2700 S. Casino Drive • 800 835 7903 • $$

6 Fresh Market Square Buffet, Harrah's, Laughlin

Com onze estações de cozinha e áreas temáticas como mexicana, japonesa, italiana, com frutos do mar e americana. *2900 S. Casino Drive • 702 298 4600 • $$*

7 H2OH!, Laughlin

Desfrute de uma refeição ao ar livre vendo o rio Colorado. Pizzas gourmet e pratos leves são servidos de quinta a segunda à noite. *Aquarius Casino Resort, 1900 S. Casino Drive • 702 298 5111 • $*

8 Milo's Cellar, Boulder City

Esse café na calçada, enoteca e loja de bebidas serve diversos sanduíches gourmet, antepastos e tábuas de queijo, além de uma centena de vinhos e mais de 50 tipos de cerveja.
538 Nevada Hwy • 702 293 9540 • $

9 Joe's Crab Shack, Laughlin

Esse restaurante de frutos do mar tem mesas internas em ambiente informal ou do lado de fora num pátio coberto.
Golden Nugget, 2300 S. Casino Drive • 702 298 7143 • $$

The Steakhouse, Laughlin

10 The Prime Rib Room, Laughlin

Costela de primeira cortada à mesa é a especialidade da casa. Outras entradas são frango e peixe. *Riverside Casino, 1650 S. Casino Drive • 702 298 2535 • $*

Harrah's, Laughlin; Golden Nugget, Laughlin

Categorias de Preço

Diária de quarto de casal (com café da manhã, se houver), impostos e taxa de serviço.

$	até US$50
$$	US$50-100
$$$	US$100-150
$$$$	US$150-200
$$$$$	acima de US$200

TOP 10 Hotéis e Cassinos

1 Harrah's, Laughlin
Propriedade com tema espanhol e praia de areia própria, cassino com vista para o rio, cinco restaurantes e ambiente particularmente agradável. *2900 S. Casino Drive • 702 298 4600 • www.harrahslaughlin.com • $*

2 Golden Nugget, Laughlin
Um átrio tropical com cascatas, palmeiras e 300 espécies de plantas tropicais diferenciam esse hotel. O cassino, com seu 24 Karat Slot Club, é mais interessante que a maioria. *2300 S. Casino Drive • 702 298 7111 • $$*

3 Don Laughlin's Riverside Resort, Laughlin
Resort completo. Entre as atrações, dois showrooms de carros clássicos e uma mostra de caça-níqueis antigos. Há ainda estacionamento para trailers. *1650 S. Casino Drive • 702 298 2535 • $*

4 Aquarius Casino Resort, Laughlin
O hotel tem um deque amplo na piscina com vista para as montanhas do Arizona, três quadras de tênis iluminadas, capela nupcial e o maior barco de passeio de Laughlin, o *Celebration*. *1900 S. Casino Drive • 702 298 5111 • $*

5 Colorado Belle, Laughlin
Diante do rio Colorado, esse resort está instalado numa réplica de um barco a vapor e tem a única microcervejaria de Laughlin, Pints Brewery. Eventos e apresentações especiais são realizados com frequência. *2010 S. Casino Drive • 702 298 4000 • www.coloradobelle.com • $*

6 Avi Resort and Casino, perto de Laughlin
Resort de propriedade de índios *(p. 95)* com grande praia fluvial de areia, *arcade*, piscina, diversão ao vivo e 29 suítes com spa. *10 000 Aha Macav Parkway • 702 535 5555 • $*

7 Hoover Dam Inn, Lago Mead
Motel de 70 quartos com vista para o lago Mead. *110 Ville Drive • 702 293 6444 • $$*

8 El Rancho Boulder Motel, Boulder City
Motel de estilo espanhol na rua principal. Alguns quartos têm cozinha. *725 Nevada Hwy • 702 293 1085 • www.elranchoboulder.com • $$*

9 Callville Bay, Lago Mead
O acampamento dispõe de chuveiros, banheiros, restaurante, sala de estar e combustível. Não se aceitam reservas. *No lado norte da Boulder Basin • 702 565 8958 • $*

10 Seven Crown Resorts, Lago Mohave
Nesse local podem-se alugar casas flutuantes de vários tamanhos com instalações excelentes. Só é preciso levar alimentos e roupas. *2690 E. Katherine Spur Rd, Bullhead City • 800 752 9669 • $$$$$*

Todos os hotéis listados aceitam cartões de crédito e têm banheiro no quarto e ar-condicionado

Petróglifos, Valley of Fire; Death Valley; Scotty's Castle, Death Valley

Parques e Reservas

A MENOS DE UMA HORA *dos espetáculos grandiosos e das simulações da Strip feitos pelo homem, há maravilhas naturais tão intensas e emocionantes que não dá para reproduzir. Muitas delas são geológicas; a mais próxima é o Red Rock Canyon* (pp. 24-5). *Perto do cânion estão o Zion National Park, com formações rochosas fantásticas, e o Death Valley (vale da Morte) – lugar mais quente da América do Norte –, cujo leito fica 85m abaixo do nível do mar, o terreno mais baixo no hemisfério ocidental. Sem dúvida a atração mais famosa é o Grand Canyon, de escala impressionante. Cada região tem flora e fauna próprias, com espécies que não existem em outro canto da Terra.*

TOP 10 Atrações

1. Petroglyph Canyon, Valley of Fire
2. Lost City Museum of Archeology, Overton
3. Kolob Canyons, Zion National Park
4. Zion Canyon
5. Bright Angel Point, North Rim, Grand Canyon
6. Yavapai Geology Museum, South Rim, Grand Canyon
7. Watch Tower, Desert View, Grand Canyon
8. Scotty's Castle, Death Valley
9. Aguereberry Point, Death Valley
10. Dante's View, Death Valley

Zion Lodge, Zion Canyon

Veja mais sobre o Grand Canyon nas **pp. 16-9**

Petroglyph Canyon; Canyon Lodge, North Rim, Grand Canyon

1 Petroglyph Canyon, Valley of Fire

O Petroglyph Canyon é a atração mais popular do Valley of Fire, por ter a maior concentração de petróglifos do parque – essencialmente símbolos gravados por indígenas pré-históricos da Lost City *(veja abaixo)*. A intenção dos petróglifos é incerta: alguns não passavam de sinalização da época, e outros podem ter tido significado religioso ou místico. A trilha vai ao Mouse's Tank.
Mapa U2 • 702 397 2088 • Entrada paga para estacionar

2 Lost City Museum of Archeology, Overton

Artefatos resgatados de Pueblo Grande de Nevada – hoje chamada Lost City (Cidade Perdida) – antes da inundação do lago Mead estão expostos nesse museu em estilo de aldeia indígena. Entre as peças, uma reconstrução da aldeia, armas de caça e cerâmica.
721 S. Moapa Valley Blvd, Overton • Mapa U2 • 702 397 2193 • Aberto 8h30-16h30 qui-dom • Entrada paga

3 Kolob Canyons, Zion National Park

Os Kolob Canyons descortinam paisagens de desfiladeiros abruptos e uma estrada panorâmica de 8km. Também configuram o acesso mais fácil ao Kolob Arch, que talvez seja o maior arco livre do mundo. *Mapa U1 • Informação no Kolob Canyons Visitor Center, logo a leste da saída 40 da I-15 North, em Utah • 435 772 3256*

4 Zion Canyon

Um sistema de transporte leva os visitantes por uma via panorâmica ao Temple of Sinawava (fechado a veículos particulares de abril a outubro). São mais interessantes o Court of the Patriarchs, a Streaked Wall e o rio Virgin. A rodovia Zion-Mount Carmel também é espetacular. Se puder pernoitar, vá à Zion Lodge *(p. 107)*. Reserve com alguma antecedência se quiser acampar.
Mapa V1 • Informação no Zion Canyon Visitor Center, Hwy 9, perto de Springdale • 435 772 3256 • www.nps.gov/zion

5 Bright Angel Point, North Rim, Grand Canyon

A Orla Norte do Grand Canyon é mais remota que a Sul, mas vale o esforço. Do North Rim Visitor Center, caminhe por trilha de 400m até o Bright Angel Point, para apreciar o panorama do cânion. *Mapa V2 • North Rim Visitor Center, Bright Angel Peninsula • Aberto meados mai-meados out*

A paisagem vista da North Rim

Nas páginas seguintes, **Death Valley**

Hopi House, de Mary Colter, Grand Canyon; Estrada para o Mount Zion

6 Yavapai Geology Museum, South Rim, Grand Canyon

Para uma introdução visual à geologia do Grand Canyon, vá à Yavapai Observation Station, de onde se tem uma vista insuperável. Olhe para o leito do desfiladeiro e veja o Phantom Ranch e o rio Colorado. O rio corre no fundo do cânion, pouco menos de 1.500m abaixo da orla. A essa distância ele não parece nem um pouco ameaçador, mesmo usando binóculo, mas, do leito do cânion, a visão é realmente impressionante.

8km N da entrada sul • Mapa V2 • Aberto 8h-20h

7 Watch Tower, Desert View, Grand Canyon

Uma recriação da antiga torre dos pueblos, essa construção emblemática, projetada em 1932 pela arquiteta regional Mary Colter, é o ponto mais alto da South Rim. O andar superior da torre de pedra é decorado com murais dos hopis. Há uma loja de lembranças e lanches. Entre outros projetos de Colter no Grand Canyon estão Hopi House, Hermits Rest, o Lookout Studio e as cabanas do Phantom Ranch. *Hwy 64, no Desert View • Mapa V2*

Rochas Antiquíssimas

O Grand Canyon e o Death Valley (vale da Morte) revelam mais sobre a história geológica da Terra que qualquer outro lugar do planeta (algumas rochas têm 1,7 bilhão de anos). As mesas e os penhascos do Zion National Park também foram esculpidos pela natureza ao longo de milhões de anos. É ilegal pegar pedras e outros objetos de qualquer parque nacional, sob pena de multa.

8 Scotty's Castle, Death Valley

Mais casa de estilo mediterrâneo do que castelo, o Scotty's Castle, a atração turística do Death Valley feita por mãos humanas, foi construído nos anos 1920 pelo magnata dos seguros Albert Johnson, de Chicago. Mas Walter Scott, caubói do show *Wild West* e vigarista, costumava alardear que era sua a fazenda, e ela passou a ser chamada Castelo de Scotty. Uma bela virada na

Dante's View, Death Valley

Kolob Canyons

história foi que Scott ficou amigo de Johnson e passou seus últimos anos de vida no cobiçado castelo. A casa está aberta a visitas o ano inteiro – a qualidade da mão de obra é evidente nos entalhes, no ferro forjado e nos pisos ornamentados. Pode-se visitar o terreno sem guia. *Hwy 267, lado N do Death Valley • Mapa S1 • 760 786 2392 • Terreno 7h-17h30 diariam, visitas guiadas de hora em hora • Entrada paga*

9 Aguereberry Point, Death Valley

No alto das Panamint Mountains, o mirante oferece vistas panorâmicas além do Death Valley, abrangendo Furnace Creek, a Sierra Nevada (coberta de neve), o Devil's Golf Course e outras atrações. O mirante é acessível de carro por uma estrada longa e irregular de cascalho com 10km, ou de mountain bike, mas é preciso ter um excelente domínio da bicicleta para subir. *Mapa S2 • Informação no Furnace Creek Visitor Center • 760 786 3200 • Aberto 8h-17h*

10 Dante's View, Death Valley

Esse mirante na crista das Black Mountains é um dos mais espetaculares no Death Valley. Fica cerca de 1.700m acima das salinas Badwater – o ponto mais baixo do Death Valley – e é um lugar magnífico para ver o sol nascer. O nome do mirante foi inspirado no *Inferno* de Dante. *Dante's View Rd, 40km S do Furnace Creek • Mapa S2*

Três Viagens de Vegas

Ainda que se possa visitar o Mount Zion, o Grand Canyon e o Death Valley em uma viagem, não dá para fazer tudo no mesmo dia. Volte a Vegas depois de cada lugar, fazendo três excursões separadas.

Estrada para Zion

Para fazer uma viagem de pernoite inesquecível, dirija a leste pela Hwy 15 até a entrada do Valley of Fire. Passe uma ou duas horas na via panorâmica do parque, atravessando a pé o **Petroglyph Canyon** *(p. 99)* até o Mouse's Tank e visitando o **Lost City Museum of Archeology** *(p. 99)*. Então, de volta à Hwy 15, vá almoçar em Mesquite, mantendo-se perto de um de muitos mirantes de Zion no pôr do sol – uma vista imbatível. Pernoite no parque ou em Springdale.

Grand Canyon

Pegue a Highway 93 até Kingman, e depois as Highways 40 e 64 para chegar ao parque nacional. Você pode ver muito da grandiosidade do cânion dirigindo pelas estradas da borda, mas, para conhecer melhor o parque, é preciso descer a pé ou de carro até o leito do vale, pernoitar e talvez passear de bote. Saiba mais sobre a cultura indígena visitando uma das reservas ao longo da orla.

Death Valley

Existem três rotas principais de Las Vegas ao Death Valley. Para escolher a melhor para você, veja informação detalhada e dicas em www.nps.gov/deva. Você pode comprar lanches leves e bebidas no Scotty's Castle.

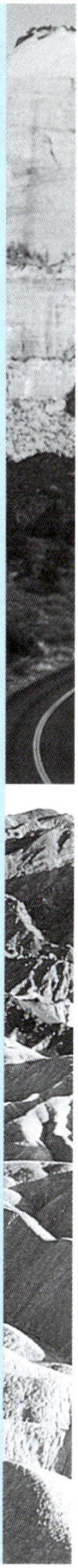

Veja mais informações sobre passeios pela região na **p. 109**

Pinheiro-do-méxico; Iguana; Artemísia; Tartaruga-do-deserto

TOP 10 Flora e Fauna

1 Pinheirais

Bosques densos de pinheiros, atrofiados por causa do solo pobre e seco, crescem 2.000m acima do nível do mar no Grand Canyon (a maior elevação do cânion é de 2.750m). A intervalos de cerca de sete anos eles dão safras excelentes de pinhão.

2 Flores Silvestres

Entre as flores do Grand Canyon há margaridas, girassóis, malváceas e acantos. No Zion, veja acolejos, acantos, penstemons e variedades de girassol. O Death Valley abriga menos espécies, mas as margaridas crescem em profusão.

3 Artemísia

A flor típica do estado de Nevada é encontrada até 3.000m acima do nível do mar e chega a 2m de altura. Os densos aglomerados de pequenas flores amarelas ou creme brotam no fim do verão.

4 Aves de Rapina

Os bútios-de-cauda-vermelha são as aves de rapina mais comuns nos três parques, mas, no Grand Canyon, tente avistar a rainha dos céus, a águia-real.

5 Tartarugas

Duas populações de tartarugas-do-deserto, a mojave e a sonoran, estão respectivamente no sul de Utah e no Grand Canyon, no Death Valley e em outros pontos do Sudoeste.

Águia-real

6 Lagartos

No leste do Zion, os lagartos-cerca fazem parte das treze espécies locais, e os chacahualas, as iguanas-de-chifres-curtos e o lagarto-de-colar habitam o Grand Canyon e o Death Valley. Neste, o mais comum é o lagarto-de-listras.

7 Suçuarana

Esses felinos tímidos vagam pelo Grand Canyon, pelo Zion e pelas montanhas à volta do Death Valley. Em geral, comem mamíferos grandes, como o veado-mula e o carneiro-selvagem.

8 Veado

O pulo de pernas duras e as orelhas grandes inconfundíveis do veado-mula o diferenciam do veado-da-cauda-branca, seu gracioso parente.

9 Serpentes

A maioria das espécies dos parques é inofensiva, mas fique bem longe das cascavéis e das cascavéis-chifrudas.

10 Ursos

Veem-se ursos-negros ocasionalmente nos platôs altos do Zion, mas tanto eles como os pardos desapareceram da região do Grand Canyon há muito tempo, e não existem ursos nas montanhas ao redor do Death Valley e do Grand Canyon.

Veja que precauções tomar no deserto na **p. 133**

Temple of Sinawava; Panamint Mountains; Great White Throne

TOP 10 Formações Naturais

1 Atlatl Rock, Valley of Fire
O mais famoso petróglifo retrata um *atlatl*, um propulsor usado para aumentar a velocidade e a distância de dardos. *Mapa U2*

2 Elephant Rock, Valley of Fire
Acessível por trilha curta pela entrada leste, essa insólita formação de arenito lembra a cabeça de um elefante – ainda que com uma tromba enorme. *Mapa U2*

3 Temple of Sinawava, Zion National Park
Na verdade, o templo é uma massa assustadora de rocha vermelha. O nome religioso reproduz outros do parque. *Mapa V1*

4 Great White Throne, Zion National Park
A face vertical do Grande Trono Branco, conhecido de alpinistas internacionais, ergue-se a 670m do leito do cânion. É um dos mais altos monólitos do mundo. *Mapa V1*

5 Kolob Arch, Zion National Park
O Arco Kolob é inacessível a ponto de não permitir mensuração precisa, mas se supõe que ele tenha 70m de altura por 95m de largura. *Mapa V1*

6 Marble Canyon, Grand Canyon
As altas paredes de calcário deram nome à parte superior do Grand Canyon. *Mapa V2*

7 Inner Gorge, Grand Canyon
Penhascos de granito descem 300m até o leito do cânion para formar essa garganta vertiginosa. Duas pontes suspensas desafiadoras estendem-se perto do Phantom Ranch. *Mapa V2*

8 San Francisco Mountains, Grand Canyon
Chamada "Reino de São Francisco" pelo explorador Marcos de Niza, essa serra sobe a incríveis 3.857m, ponto culminante do estado do Arizona. *Mapa V2*

9 Funeral Mountains, Death Valley
Uma falha geológica linear levou essas montanhas espetaculares a se inclinarem para um lado. *Mapa S1*

10 Panamint Mountains, Death Valley
As montanhas Panamint são uma das cinco cordilheiras do Death Valley. Vá ao Aguereberry Point para admirar a vista estupenda das Funeral Mountains e da Sierra Nevada, mais além. *Mapa S2*

Funeral Mountains

Veja mais sobre o Grand Canyon nas **pp. 16-9**

Thunderbird, Mt Carmel; Flanigan's Café, Zion

Categorias de Preço

Refeição para uma pessoa com três pratos, meia garrafa de vinho, impostos e serviço.

$	até US$20
$$	US$20-30
$$$	US$30-45
$$$$	US$45-60
$$$$$	acima de US$60

TOP 10 Restaurantes

1 El Tovar Dining Room, Grand Canyon

O salão, feito com toras de pinheiro e pedras, ostenta ótima porcelana, cristais e toalhas de pano. Frutos do mar chegam todo dia, e os pratos com vitela são excelentes. *El Tovar Hotel, South Rim • Mapa V2 • 928 638 2526 • $$$$*

El Tovar Dining Room

2 Coronado Room, Grand Canyon

Ótima costela, frango ao marsala e truta recheada são os favoritos desse restaurante à espanhola. *Best Western Squire Inn, Tusayan • Mapa V2 • 928 638 2681 • $$$*

3 Bright Angel Lodge Restaurant, Grand Canyon

Comida farta do Sudoeste americano. *Bright Angel Lodge • Mapa V2 • 928 638 2526 • $$*

4 Arizona Steak House, Grand Canyon

Decoração do Sudoeste com tons pastel compõem o ambiente para os bifes fartos, batatas recheadas e saladas frescas preferidos nos EUA. *Bright Angel Lodge • Mapa V2 • 928 638 2526 • $$$*

5 Maswik Lodge Cafeteria, Grand Canyon

Comida saudável a preços razoáveis. Para um drinque antes ou depois da refeição, há um bar de esportes com TV grande. *Mapa V2 • Maswik Lodge • 303 297 2757 • $$*

6 Flanigan's Café, Zion

Entre as especialidades, saladas, massas, truta-vermelha, frango, carneiro e carne de Black Angus. *Springdale • Mapa U1 • 435 772 3244 • Aberto no jantar • $$$*

7 Áreas de Piquenique, Zion Canyon e Springdale

Compre provisões na Oscar's Deli e torta no Bumbleberry Restaurant, em Springdale, para fazer piquenique nas redondezas. *Mapa U1 • $$*

8 East Zion Thunderbird Lodge Restaurante, Mt Carmel

Comida americana em salão familiar, com tortas, pães e doces caseiros. *Mt Carmel Junction • Mapa U1 • 435 648 2203 • $$*

9 The Inn Dining Room, Death Valley

Salão elegante, com toalhas de renda, lamparinas nas paredes de barro e vista dos montes Panamint. Comida europeia é servida à la carte. Aberto de meados de outubro a meados de maio. *Furnace Creek Inn • Mapa S1 • 760 786 2345 • $$$$$*

10 Stovepipe Wells Village, Death Valley

O Toll Road Restaurant oferece cardápio variado durante o ano inteiro. *Stovepipe Wells • Mapa S2 • 760 786 2387 • $$*

Best Western Zion Park Inn; Furnace Creek Inn

Categorias de Preço

Diária de quarto de casal (com café da manhã, se houver), impostos e taxa de serviço.	
$	até US$50
$$	US$50-100
$$$	US$100-150
$$$$	US$150-200
$$$$$	acima de US$200

TOP 10 Hotéis

1 Best Western Squire Inn, Grand Canyon

Essa pousada de 250 quartos tem quadra de tênis própria, piscina aquecida, sauna, bilhar, videogames, salão de beleza e boliche. ✆ *100 Arizona 64 • Mapa V2 • 928 638 2681 • $$$*

2 El Tovar Hotel, Grand Canyon

Hotel histórico feito pela construtora de resorts Fred Harvey Company, em 1905. Imita as grandes hospedarias de caça da Europa, com lareira de pedra e animais empalhados. ✆ *South Rim • Mapa V2 • 303 297 2757 • $$$$*

3 Bright Angel Lodge

Única hospedagem na orla norte do Grand Canyon, essa pousada tem chalés e poucos quartos modernos. É imprescindível reservar. ✆ *Bright Angel Point • Mapa V2 • 303 297 2757 • www.grandcanyonlodges.com • $$$*

4 Camper Village

Com 250 pontos para trailers e cem para barracas, esse é um dos maiores campings privados que funcionam o ano todo. ✆ *Tusayan • Mapa V2 • 928 638 2887 • $*

5 Zion Lodge

Esse conjunto abriga 40 chalés com lareira a gás e varanda privativa e 80 quartos, cada qual com cama queen size. ✆ *Zion National Park • Mapa U1 • 435 772 7700 • $$$$*

6 Best Western Zion Park Inn

Situados no pé do Watchman, os 120 quartos têm controle individual de temperatura; alguns dispõem de pequena cozinha. ✆ *1215 Zion Park Blvd, Springdale • Mapa U1 • 800 934 7275, 435 772 3200 • $$$*

7 Cliffrose Lodge & Gardens, Zion

O local é charmoso, com 20 mil m² de gramados, árvores e canteiros de flor junto ao rio Virgin. Todos os quartos têm vista espetacular. ✆ *281 Zion Park Blvd, Springdale • Mapa U1 • 435 772 3234 • $$$*

8 Furnace Creek Inn, Death Valley

Elegante e caro, com vista esplêndida dos montes Panamint. Os quartos têm ótima mobília. Abre de meados de outubro a meados de maio. ✆ *Furnace Creek • Mapa S1 • 760 786 2345 • $$$$$*

9 Furnace Creek Ranch, Death Valley

Essa estalagem rústica oferece duas piscinas com água de fonte (bem quente), golfe, tênis e passeios a cavalo. ✆ *Furnace Creek • Mapa S1 • 760 786 2361 • $$$*

10 Stovepipe Wells Village, Death Valley

Um pouco distante, não é um lugar chique, mas tem piscina, bar e mercearia. As dunas nos arredores deliciam os fotógrafos. ✆ *Stovepipe Wells • Mapa S2 • 760 786 2387 • $$$*

Todos os hotéis listados aceitam cartões de crédito e têm banheiro no quarto e ar-condicionado

Andarilhos; Marina do lago Mead; Placa em estrada no deserto

TOP 10 Trilhas para Caminhada

1 Mouse's Tank, Valley of Fire
"Mouse" era o nome de um bandido indígena. Relativamente fácil, a trilha até o Mouse's Tank (série de poças naturais) passa pelos mais belos petróglifos do parque.

2 Canyon Overlook Trail, Zion National Park
Caminhada moderada de um dia até o mirante, com ótimas vistas da parte baixa do Zion Canyon.

3 Observation Point Trail Zion
A viagem de 13km ida e volta até o Hidden Canyon é moderadamente difícil, e bem cansativa até o mirante. A diferença de nível entre um ponto e outro é de 655m.

4 Riverside Walk, Zion
A trilha asfaltada na base da garganta é ainda mais bela no início de novembro, com as folhas caídas.

5 Bright Angel Trail, Grand Canyon
O percurso de 30km ida e volta desce cerca de 1.300m e demora dois dias para a maioria dos trilheiros. Há pontos de descanso e camping no caminho. Para pernoitar, é obrigatório ter licença.

Kilns, Wildrose Canyon

6 Rim Trail, Grand Canyon
Partindo da região da aldeia, a trilha, parcialmente calçada, pode ser acessada em muitos pontos ao longo da Hermit Road e em seu final, no início da trilha de South Kaibab. Pequena mudança de nível e lindas vistas.

7 South Kaibab Trail, Grand Canyon
Chega-se de ônibus ao início da trilha. Íngreme, ela desce 1.370m, e não há água no percurso de 22km.

8 Wildrose Canyon ao Wildrose Peak, Death Valley
Uma subida de 6km atravessando bosques leva ao topo das Panamint Mountains. As vistas são maravilhosas.

9 Golden Canyon ao Zabriskie Point, Death Valley
Essa trilha de 9,5km ida e volta, com pequena diferença de nível, atravessa uma região de estratos de rocha totalmente expostos, com milhões de anos.

10 Coffin Peak Trail, Death Valley
Essa trilha fácil começa no Dante's View e acompanha um cânion até as Black Mountains. Os arbustos espinhosos do deserto predominam na vegetação.

Veja informações sobre parques nas **pp. 16-7, 99 e 102-3**

Veículo com reboque; Início de estrada panorâmica; Ciclista em mountain bike

TOP 10 Excursões

1 GC Flight

Essa empresa realiza voos de helicóptero e avião, além de excursões de ônibus, de Las Vegas ao Grand Canyon e à Hoover Dam. Também se pode voar sobre a Strip. ✆ *702 629 7776 • www.gcflight.com*

2 Papillon Grand Canyon Helicopters

A Grand Celebration Tour conta com pouso no leito do Grand Canyon, piquenique com champanhe e vistas do lago Mead e da Hoover Dam. Há outros extras. ✆ *702 736 7243 • www.papillon.com*

3 Awesome Adventures

Entre as várias opções de passeio, o deserto, o lago Mead e o Valley of Fire. Almoço e transporte a partir do hotel inclusos. ✆ *888 846 4747 • www.awesomeadventurestv.com*

4 Grand Canyon Express

A Grand Canyon Express oferece passeios aéreos, fluviais e ônibus, além de pacotes VIP. ✆ *800 843 8724 • www.airvegas.com*

5 Canyon Explorations

Uma das várias empresas que fazem caminhadas, passeios educativos e rafting no Grand Canyon. ✆ *928 774 4559*

6 ATV Wilderness Tours

Viagens guiadas o ano inteiro em quadriciclo e jipe. Há também passeios de três a seis horas. A empresa tem sede em St. George, Utah. ✆ *888 656 2887 • www.atvadventures.com*

7 Adventure Photo Tours

Excursões de um dia ou meio dia são destaques, para que os turistas possam fotografar cidades-fantasma, cavalos selvagens, petróglifos, velhas minas, formações de arenito e flores silvestres. ✆ *888 363 8687 • www.adventurephototours.com*

8 Pink Jeep Tours

Conhecida pelos guias bem informados, a Pink Jeep oferece várias excursões de um dia e meio dia. Os passeios são feitos com dez pessoas, para facilitar o controle dos grupos. É também uma das poucas empresas com licença para rotas off-road. ✆ *888 900 4480 • www.pinkjeeptours.com*

9 Tickets and Tours

Há excursões de um dia à Hoover Dam, passeios pelo Grand Canyon e pelo Red Rock Canyon e excursões mais incomuns, como passeio noturno com champanhe pela Haunted Vegas (Vegas mal-assombrada). ✆ *800 838 8155, 702 617 5513 • www.showtickets.com*

10 Zion Ponderosa Ranch Resort

O Zion Ponderosa realiza algumas atividades guiadas, como caminhadas, rapel, ciclismo de montanha e cavalgadas, junto ao parque. ✆ *800 293 5444 • www.zionponderosa.com*

Nas páginas seguintes, **New York-New York Hotel, Las Vegas**

JULY
IV
MDCCLXXVI

DICAS DE VIAGEM

Informações Práticas 112-9

Casar em Las Vegas 120-1

Dicas sobre Jogos 122-6

Portadores de Deficiência 127

Gays e Lésbicas 128

Bancos e Dinheiro 129-30

O que Evitar 131

Como Ficar Saudável 132-3

Camping e Casas Flutuantes 134

Dicas de Hospedagem 135

No campo de golfe; Sol de verão

TOP 10 Planejamento

1 Mudança de Preço

As taxas de hotel sobem muito quando o tempo está melhor – de cerca de meados de março, passando por julho e setembro, até o início de novembro. Porém, o tempo fica quase ideal em fevereiro e novembro, quando os preços costumam ser mais baixos e há menos trânsito e menos gente. Os hotéis-cassinos de Las Vegas cobram menos nos dias úteis; nos fins de semana e em convenções os preços vão às alturas.

2 Hora do Golfe

É bem mais fácil conseguir horário para jogar golfe de novembro a março. Embora possa ventar, a temperatura para o esporte é geralmente boa. No verão, reserve no início da manhã, antes que esquente demais.

3 Época de Congressos

Cada uma das três maiores convenções anuais em Las Vegas, em janeiro, abril e novembro, atrai bem mais de 100 mil participantes. Faça o máximo para não coincidir suas férias com elas: não só os preços dos hotéis sobem demais, como o trânsito é pesado e as filas de espera em restaurantes podem desencorajar.

4 Roupa do Dia

Quase tudo vale quando o assunto é vestuário. Embora shorts e camisetas sejam onipresentes em tempo muito quente, você vai ver gente usando de tudo, de roupas de grife a jaquetas de couro, no resto do ano. Roupas de banho devem ser utilizadas só nas áreas com piscina. Mulheres usam saída de praia e homens vestem em geral camiseta e bermuda sobre a sunga ao trafegar entre o quarto e a piscina. Os hotéis mais chiques emprestam roupão aos hóspedes.

5 Roupas Adequadas

Embora o conforto determine em geral a etiqueta do vestuário, alguns restaurantes caros têm placas que dizem "No shoes, no shirts, no service" (sem calçados, sem camisa, sem atendimento). Exige-se um blazer nos restaurantes mais caros; gravata, nem sempre. A maioria das pessoas se veste bem ao ir a espetáculos ou boates – os moradores de Las Vegas tendem a fazê-lo com mais formalidade (e extravagância) que os turistas.

6 Cuidados com o Sol

O sol brilha em média mais de 300 dias por ano. Então, leve óculos escuros, filtro solar, hidratante e chapéu.

7 Tempo no Ano

Lembre-se não só do sol: Las Vegas recebe apenas 114mm de chuvas por ano, com cerca de 13mm nos meses mais úmidos, janeiro e agosto. A umidade média do ar é de 30,1%, mas pode parecer mais seco. O inverno é imprevisível: dias de frio e vento, ou dias quentes que exigem roupas leves.

8 Visto e Passaporte

Sempre verifique os requisitos mais recentes antes de viajar. Em geral, o cartão de identificação e a declaração alfandegária são fornecidos no avião. Brasileiros necessitam de visto para entrar nos EUA. Para se informar, visite o site www.visto-eua.com.br

9 Dinheiro e Seguro de Viagem

É essencial ter seguro de viagem com cobertura médica, inclusive morte acidental e atendimento de emergência, cancelamento da viagem e perda de bagagem e documentos. Viaje com o mínimo dinheiro possível, por segurança e para evitar questionamento dos funcionários da alfândega.

10 Alfândega

Adultos não residentes podem levar quantidade limitada de produtos isentos. Entre eles, 1 litro de bebida alcoólica, 200 cigarros, 50 charutos (não cubanos) e até US$100 em presentes. Se você tiver mais de US$10 mil em dinheiro, deve declará-los.

Veja mais sobre cuidados de saúde nas **pp. 131-3**

McCarran International Airport; Locadora de veículos; Carro alugado

TOP 10 Como Chegar

1 Site do Aeroporto

Se você é um dos milhões de pessoas que descem no McCarran International Airport, veja o site do aeroporto para obter informação e mapas. Um dos mais movimentados do país, pode ser confuso, ainda mais logo cedo e nos fins de semana.

2 Compare Preços

O McCarran é usado pelas maiores linhas aéreas dos EUA e por diversas empresas internacionais, como Virgin Atlantic e TAM, com voos regulares e fretados.

3 Pacotes de Jogo e Avião-Carro

Os pacotes de voo e carro são os preferidos por turistas nos EUA. As opções para apostadores aliam viagem aérea a hospedagem em Las Vegas.

4 Do Aeroporto à Cidade

O aeroporto fica 4km ao sul do centro de Las Vegas. Conte com 10 minutos para ir por estrada do aeroporto aos hotéis da Strip. Táxis, ônibus especiais e limusines aguardam fora do aeroporto, e dentro há agências de aluguel de carros. A opção mais barata é o ônibus: as linhas WAX 108 e 109 da RTC (Regional Transportation Commission) fazem o percurso entre o aeroporto, o centro e a Strip.

5 Pagamento de Tarifas

Se você se esquecer de levar trocado suficiente para o transporte entre o aeroporto e o hotel, há caixas eletrônicos por todo o aeroporto, que aceitam cartões comuns, como Visa, MasterCard e American Express, além dos principais cartões usados nos EUA.

6 Aluguel de Carro

Se você vai alugar carro no aeroporto, saiba que o preço pode não incluir três impostos, que totalizam cerca de 30%, cobrados pelas locadoras no aeroporto. Se estiver com pressa, recorra a uma das agências que têm balcão no aeroporto, mas saiba que as autolocadoras na cidade em geral cobram menos.

7 Documentos para Alugar um Carro

Os turistas que pretendem alugar um carro devem ter carteira internacional de habilitação em vigor e um cartão de crédito das maiores bandeiras – ambos são exigidos por todas as agências. Os motoristas com mais de 25 anos de idade podem alugar um veículo. Os que têm entre 21 e 24 anos talvez consigam fazê-lo, mas devem pagar uma taxa extra. Se o seguro do seu automóvel não cobre veículos alugados, é melhor pagar a cobertura oferecida pelas próprias locadoras.

Agenda

Site do Aeroporto
www.mccarran.com

8 Regras de Trânsito

Os turistas estrangeiros que desejam alugar um carro precisam se familiarizar com normas básicas de trânsito antes de começar a dirigir. As informações encontram-se na maioria das agências de aluguel de veículos.

9 Por Estrada

Se você vai de um local dos EUA para Las Vegas, é provável que chegue ou pela I-15, que vai de Los Angeles a Salt Lake City, e mais além, ou pela I-95, que liga os estados de Washington, Oregon, Nevada e Arizona. Evite os horários de pico nessas estradas, nos períodos de 7h-9h e de 16h-19h.

10 De Trem e de Ônibus

Quem deseja chegar a Las Vegas de trem e de ônibus pode pegar o Amtrak Chief para Los Angeles e depois baldear para o ônibus da Amtrak, que desembarca na Greyhound Station de Las Vegas. Saiba os horários e informações sobre passagens pelo telefone 1 800 872 7245 ou no site www.amtrak.com.

Veja mais sobre hospedagem na **p. 135**

Monotrilho de Las Vegas; Táxi da cidade

TOP 10 Como Circular

1 Força nos Pés

Andar pode ser a melhor maneira de percorrer os 6,5km da Strip: as calçadas são largas e o chão é plano. Porém, como a cidade ocupa grande área e é entrecortada por vias de várias pistas, você vai precisar de carro ou transporte público ao visitar as atrações nas partes mais distantes. Leve água suficiente se pretende caminhar; não se esqueça de que a cidade está no meio do deserto!

2 Como Encontrar o Rumo

Se você vai dirigir, procure um bom mapa (como o excelente Rand McNally, que se compra em supermercados, drogarias e livrarias). A cidade foi construída em grade, com poucas artérias principais que a cortam na diagonal. Um GPS atualizado pode ajudar muito para dirigir.

3 Trânsito

Na cidade, prepare-se para dirigir rápido e pegar tráfego pesado. Evite dirigir nos horários de pico (por volta de 7h-9h e 16h-19h). Na Strip, o congestionamento começa no final da manhã e continua até bem depois da meia-noite, especialmente nos fins de semana, de meados de março até outubro e quando há grandes eventos especiais. A maioria vias da cidade tem de seis a oito faixas de trânsito.

4 Estacionamentos e Garagens

Os hotéis e cassinos na Strip dão estacionamento gratuito em altos edifícios de garagem, mas alguns no centro exigem validação do tíquete para estacionar de graça. Quase todos os hotéis têm manobristas. Quando o estacionamento está cheio, a preferência é sempre dos hóspedes do hotel, não de visitantes do cassino.

5 Estacionamento na Rua

Ao estacionar na rua, leia todas as placas sobre restrições ao estacionamento para evitar multas e ser rebocado. As multas por estacionar sem um selo apropriado em vagas para portadores de deficiência começam em US$250.

6 Táxis

A entrada dos hotéis na Strip e no centro é o melhor lugar para encontrar táxis. A tarifa-padrão inclui uma taxa inicial de US$3,30 mais US$2,60 por milha adicional e cerca de US$0,25 por minuto parado em semáforo vermelho ou preso em congestionamento. Com trânsito pesado, pode custar mais de US$20 ir de uma ponta à outra da Strip. Como motoristas de táxi conhecem as ruas menos movimentadas da cidade, peça ao taxista que leve você pelo caminho mais rápido, e não pelo mais curto.

7 Bondes e Monotrilho

Bondes grátis levam do TI ao Mirage e do Excalibur ao Luxor e ao Mandalay Bay. Há ainda um bonde que vai do Bellagio e do Monte Carlo ao Crystals, no CityCenter. O monotrilho percorre a Strip entre o MGM Grand e o Sahara (7h-2h seg-qui, 7h-3h sex-dom). A passagem em um sentido custa US$5.

8 Sistema de Transporte Público

O jeito mais barato de ir além do centro e da Strip é no ônibus da Regional Transportation Commission (RTC). A rede de itinerários é extensa. As linhas Deuce e Strip & Downtown Express percorrem a Strip. Um bilhete de 24h em ônibus da Strip e do centro custa US$7; um de 2h, US$5.

9 Transporte dos Hotéis

Talvez seja preciso pagar o transporte entre o aeroporto e certos hotéis, mas outros oferecem traslado gratuito para os locais de compras e as atrações.

10 Bicicletas

Não é aconselhável andar de bicicleta pelas vias principais, mas nas zonas residenciais dos bairros e no Red Rock Canyon, longe do alvoroço, pode ser agradável. Várias lojas alugam bicicletas, em geral com capacete incluso.

Ônibus da Ace Gold; Veículos privados de excursão ao estilo de Vegas

TOP 10 Fontes de Informação

1 Informação Geral

Para obter informação sobre a cidade, bem como sobre hospedagem, atrações e compras, contate a Las Vegas Convention & Visitors Authority (LVCVA).

2 Informação sobre Negócios

Os visitantes interessados em negócios na região podem contatar a Las Vegas Chamber of Commerce, que lhes indicará as melhores fontes de consulta.

Agenda

Asian Chamber of Commerce
6272 Spring Mountain Rd • 702 737 4300

Las Vegas Advisor
3665 S. Procyon Ave • 702 252 0655

Las Vegas Chamber of Commerce
6671 Las Vegas Blvd S. • 702 735 1616

Las Vegas Convention & Visitors Authority
3150 Paradise Rd • 702 892 0711 • www.visitlasvegas.com

Latin Chamber of Commerce
300 N. 13th St • 702 385 7367

Regional Transportation Commission
702 228 7433

Urban Chamber of Commerce
1951 Stella Lake St • 702 648 6222

3 Lojas e Atrações Étnicas

Você consegue informação sobre negócios e atrações das várias etnias de Las Vegas em organizações como a Asian Chamber of Commerce, a Black Chamber of Commerce e a Latin Chamber of Commerce.

4 Informação Organizacional

Se você pertence a uma organização internacional como o Rotary International ou gostaria de conhecer pessoas com interesses ou passatempos parecidos, sua melhor fonte de informação é uma página de busca da internet como www.google.com ou www.yahoo.com.

5 Informação em Revistas

Para saber mais sobre lugares e pessoas, pegue a *What's On*, revista bimestral, ou a *Where*, mensal, para turistas. Ambas estão em atrações e postos turísticos. Trazem artigos e informação sobre vida noturna, compras, jogos e atrações.

6 Jornais

O *Las Vegas Review Journal* publica notícias sobre restaurantes e diversões para toda a semana, além da seção "Best of Las Vegas", uma vez por ano, em março. Você vai aprender muita coisa lendo também os anúncios.

7 Internet

Para se informar sobre linhas aéreas, locadoras de veículos e hospedagem, consulte sua página de busca preferida para achar sites focados em Las Vegas. Um dos endereços mais úteis é www.visitlasvegas.com.

8 Corte de Custos

Os caçadores de pechinchas podem pegar os talões de cupons disponíveis nos resorts e verificar no site dos hotéis descontos em hospedagem, restaurantes e atrações.

9 Postos Turísticos

Os postos turísticos ao longo da Strip não só vendem excursões, mas têm mostruários com material promocional sobre atrações, que talvez sejam úteis para você.

10 Fora da Cidade

Quem se dirige a Las Vegas pela rodovia I-15 consegue encontrar ofertas especiais que parecem não ser anunciadas em lugar nenhum: o centro de informação turística de Jean, Nevada (perto da divisa com a Califórnia), tem a fama de dispor dos melhores cupons de compras em Las Vegas.

Galeria comercial do Bellagio; Shopping em Vegas; Casa de penhores

TOP 10 Dicas de Compras

1 Galerias Comerciais

Espere encontrar mercadorias elegantes e das mais interessantes nas galerias de hotéis, como Miracle Mile Shops, no Planet Hollywood *(p. 52)*, Via Bellagio, no Bellagio *(pp. 14-5)*, e as Forum Shops no Caesars Palace *(pp. 26-7)*. Todas estão no Las Vegas Boulevard South, mais conhecido como Strip.

2 Shoppings

Você dispõe de várias opções. Boulevard, Meadows e Galleria at Sunset *(p. 52)* são frequentados principalmente por moradores da cidade, enquanto os turistas formam a maioria nos dois shoppings chiques da Strip – Forum Shops no Caesars *(pp. 26-7)* e Fashion Show *(p. 52)*. Em janeiro são realizadas as melhores liquidações em lojas elegantes como Nieman Marcus e Saks Fifth Avenue (ambas no Fashion Show).

3 Pechinchas

Procure os melhores negócios nos centros de lojas de fábrica. As Las Vegas Premium Outlets *(pp. 53 e 91)* ficam poucos minutos ao sul da Strip e na ponta norte do Charleston Blvd. Algumas das dezenas de marcas que estão ali são For All Mankind, American Apparel, Banana Republic Factory Store, DKNY, Elie Tahari, Juicy Couture e Nike Factory Store. Vale mais a pena visitar essas lojas no fim do verão, quando os produtos têm preços ainda menores.

4 Antiquários

Existem vários antiquários e brechós no centro de Las Vegas. Se tiver tempo de visitar apenas um, vá ao Antique Mall of America *(p. 91)*, onde dezenas de vendedores expõem suas mercadorias. Entre os artigos interessantes estão revistas de quadrinhos, bijuterias, roupas, utensílios de casa e cozinha, moedas, arte asiática e brinquedos. Há muito espaço para estacionar.

5 Lojas Étnicas

Para fazer as melhores compras de artigos étnicos autênticos, vá às lojas que atendem às diversas minorias de Las Vegas, como Asian Market (953 E. Sahara), Cardenas Market (4700 Meadows Ln), International Marketplace (5000 S. Decatur Blvd), Marlana's Supermarket (3631 W. Sahara Ave) e aquelas que se encontram na Chinatown Plaza *(pp. 85 e 91)*.

6 Feiras de Troca

As feiras de troca – ou de antiguidades ou mercado de pulgas – costumam ser realizadas às sextas, aos sábados e aos domingos, e são um ótimo jeito de procurar pechinchas. As maiores são a Fantastic Indoor Swap Meet *(p. 91)* e a Broadacres Marketplace & Event Center *(p. 85)*.

7 Casas de Penhores

Se você nunca foi a uma casa de penhores, sua chance está em Las Vegas. A maioria das coisas vem, claro, de apostadores em busca de mais dinheiro. Existem várias dessas lojas no centro, e a mais conhecida e frequentada é a Gold & Silver Pawn *(p. 80)*. Se quiser comprar algo, não pague o primeiro preço que lhe derem – nem o segundo e, talvez, nem o terceiro!

8 Horários

Os maiores shoppings e galerias em geral abrem das 10h às 21h, sete dias por semana. Em outros lugares, as lojas talvez fechem aos domingos. Algumas das Forum Shops no Caesars abrem até a meia-noite.

9 Impostos

O condado de Clark impõe um imposto de "vendas e uso" de 8,1% à maioria dos artigos, acrescentado às compras na hora de pagar.

10 Cartões de Crédito

A maioria das empresas aceita Visa e MasterCard. American Express, Diners e outros cartões não são tão aceitos. Muitas lojas recebem traveller's cheques em dólar.

Veja mais sobre compras e suvenires nas **pp. 52-5, 83 e 91**

Restaurante com bufê; The Convention Center; The Mirage Volcano

TOP 10 Las Vegas Econômica

1 Planeje com Antecedência

Inicie seus planos bem cedo – com até três meses de antecedência – para conseguir as melhores tarifas aéreas.

2 Pacotes Aéreos dentro dos EUA

Pacotes de passagem aérea e hotel com partida na maioria das cidades dos EUA para Las Vegas são bastante vantajosos. Lembre-se de que as passagens para cidades centrais que recebem várias companhias quase sempre são mais baratas do que as linhas com menos concorrentes.

3 Pacotes Aéreos de Outros Países

Quando Las Vegas está entre dois ou mais destinos que você quer visitar nos EUA, orce cada passagem separadamente. Quem parte do Brasil tem várias opções de companhias aéreas (TAM, Delta, Avianca, United Airlines, entre outras), porém sempre com conexão em alguma cidade americana ou em algum outro país, pois não há voos diretos.

4 Programação

Programe sua viagem para economizar. Os preços de hotel mudam todo dia, segundo a procura e a oferta. São mais caros nos fins de semana, feriados, nas grandes convenções e eventos importantes. Quanto mais flexíveis forem as suas datas, mais dinheiro você consegue poupar: uma diária custa US$300 num fim de semana de maio movimentado e pode cair a US$110 em novembro. As passagens aéreas também são mais baratas no inverno.

5 Aluguel de Carro

Os preços de locação de carros mudam ainda mais rápido – às vezes, toda hora. Procure na internet o melhor negócio e ligue para as locadoras para perguntar sobre ofertas. A maioria delas exige depósito com cartão de crédito.

6 Cupons

Quando chegar à cidade, vá direto ao posto de informação da Las Vegas Convention & Visitors Authority *(p. 115)*. Pegue todos os folhetos e revistas grátis que conseguir carregar. Dentro deles há cupons com ofertas especiais e descontos em shows, jantares etc.

7 Alimentação Econômica

Faça sua maior refeição do dia na hora do almoço. Isso porque os bufês de almoço quase sempre custam uns dólares a menos que à noite, com praticamente as mesmas comidas. Se você é madrugador ou come muito tarde, vai sair ganhando: diversos cassinos – sobretudo os do centro e os de bairros não centrais – oferecem refeições baratas entre 23h e 6h ou 7h. Isso funciona também para quem sofre com *jet lag*.

8 Desconto para as Compras

Se quiser economizar no transporte para ir e voltar das lojas na Strip e no centro, compre por US$7 um passe 24h para usar à vontade os ônibus Deuce e Strip & Downtown Express.

9 Economia na Diversão

Os extravagantes shows noturnos de luz e som e apresentações na Fremont Street Experience *(p. 79)* são grátis. Muitos dos grandes hotéis na Strip promovem shows gratuitos magníficos para atrair clientes *(p. 76)*. Há ainda atrações pouco divulgadas, como o Flamingo Wildife Habitat *(p. 67)*, com mais de 300 aves. Ver gente também pode ser divertido *(p. 77)*.

10 Eventos Especiais Gratuitos

Muitas vezes os cassinos realizam promoções, grupos musicais fazem espetáculos e organizações promovem outros eventos gratuitos. Todos estão relacionados na programação dos jornais locais e em diversas revistas gratuitas. A Fremont Street é um ponto quente para shows e eventos grátis – vá para lá e garanta sua diversão.

Veja mais sobre diversão gratuita ou barata nas **pp. 76 e 82**

Habitat de golfinhos no Mirage; *Excalibur*; Cirque du Soleil no Bellagio

TOP 10 Diversão para Todos

1 Grandes Espetáculos

Enquanto estiver na cidade, marque para ver ao menos uma grande produção, das que estão há muito tempo em cartaz e têm efeitos fantásticos. A visita a Las Vegas não se completa sem a empolgação e o profissionalismo dessas apresentações magníficas. Se não for possível assistir a shows caros como *O* e a apresentação de Celine Dion, há outros, por metade do preço, também muito bem-feitos.

2 Horários

A maioria dos grandes espetáculos é realizada duas vezes por noite, com um ou dois dias de folga por semana, conforme o show. Todos os shows saem de férias por curtos períodos – verifique os horários antes. Os espetáculos diurnos custam menos.

3 Locais para Comer

Ainda que muitos espetáculos não incluam refeições ou drinques (há bancas de lanches fora da maioria dos teatros), certos hotéis ainda têm shows com jantar e bebida. Se puder, opte por estes: são menos caros e oferecem a opção de dois pelo preço de um.

4 Outros Espetáculos

Os grandes espetáculos não são os únicos na cidade. Outros shows há muito tempo em cartaz em teatros de hotéis ou cassinos trazem mágicos, humoristas e imitadores. Comediantes em ascensão também aparecem no palco de casas noturnas.

5 Shows de Celebridades

Se você deseja ver um artista especial se apresentar num dos famosos espetáculos mirabolantes de Las Vegas, reserve seus ingressos assim que ouvir falar do show. Se você demorar a se decidir, talvez ainda consiga comprar as entradas, mas para lugares ruins no setor mais caro. Las Vegas é um local onde os melhores animadores costumam fazer uma só apresentação. Enquanto os ingressos mais baratos podem custar menos de US$100, os mais caros chegam a ultrapassar US$1.000.

6 Espetáculos em Lounges

Se quiser fazer seu dinheiro render, pegue um show ou outros num lounge. Você pode assistir a alguns pelo preço de uma bebida. Outros são de graça.

7 Salas com Piano

Em alguns lounges com piano por toda a cidade, pianistas profissionais tocam as músicas que o espectador pedir em troca de gorjeta.

8 Diversão por Acaso

Numa cidade em que diversão é a ordem do dia, a maioria dos turistas topa com algum show durante sua visita. Pode ser uma banda de Dixieland tocando numa praça de hotel, uma dança num centro comercial, um quarteto de cordas tocando num parque ou artistas que perambulam pelos hotéis temáticos.

9 Só para Adultos

Várias casas na região vizinha à West Sahara Street, ao sul do centro, apresentam diversão para adultos. Com nomes como Crazy Horse Saloon, Sapphire e Palomino Club, têm garçonetes de topless ou nuas, torneios amadores de strip-tease e "lindas dançarinas carinhosas".

10 Cultura

A alta cultura não vem necessariamente à mente quando se pensa em Las Vegas. É, na verdade, o segredo mais bem guardado da cidade. Artistas de alta qualidade de vários países apresentam-se com regularidade: Santana e Steve Vai tocaram no Mandalay Bay; grandes orquestras e companhias de balé exibem-se na universidade. Além disso, os artistas dos shows de Las Vegas participam de outros espetáculos, como balé e musicias, quando não fazem seu papel principal.

Veja mais sobre espetáculos e diversão nas **pp. 38-43**

Jubilee!; Le rêve – The dream; KÁ

TOP 10 Compra de Ingressos

1 Reservas Antecipadas

Para evitar decepção, reserve ingressos para qualquer produção com bastante antecedência. Garanta por meio da sua agência de viagem, direto com a bilheteria (quando o espetáculo está em teatro do hotel-cassino, ligue para o hotel e peça transferência) ou por empresa de ingressos, como a Ticketmaster. É quase impossível comprar entradas para shows disputados como *O* e *Mystère* no dia da apresentação, mesmo que você se hospede no hotel em que o espetáculo é apresentado.

2 Descontos

No dia do espetáculo, os ingressos que sobraram podem ser comprados com desconto na Tix4Tonight; no Hawaiian Marketplace; na área externa do Fashion Show Mall (logo ao sul do Riviera); no hotel Four Queens; e perto da garrafa gigante de Coca (ao norte do MGM Grand).

3 Espera

Quando você quer assistir a um show e não consegue ingresso, deve chegar ao local do espetáculo bem cedo para ser um dos primeiros da fila e talvez ficar com algum dos lugares de espera.

4 VIPs

Se você é um bom apostador, provavelmente não precisa se preocupar em ficar na fila nos shows ou em qualquer outro lugar. É só avisar no balcão VIP a que você quer assistir. Os pacotes VIP em geral são vendidos para a maioria dos shows e propiciam ótimos lugares, refeições e bebidas.

5 Escolha sua Poltrona

Quando possível, peça o mapa de assentos do teatro. Talvez seja verdade que em muitos teatros não existe lugar ruim. Contudo, alguns são melhores que outros e, desde que custem o mesmo preço, vale a pena escolher o que você quer.

6 Gorjetas

Nem sempre é necessário dar gorjeta à pessoa que o leva à sua poltrona. Cada vez mais os ingressos de teatro são emitidos eletronicamente e seu lugar está determinado antes da entrada no teatro. Todavia, se você tem poltronas VIP e uma pessoa deixa sua tarefa para levá-lo a um lugar melhor, é de bom tom dar-lhe alguns dólares.

7 Bilheterias

Os hóspedes podem comprar na internet ingressos para a maioria dos shows e precisam pegá-los antes do espetáculo. Certifique-se de quando deve pegar o ingresso (em geral, uma hora antes do início), pois ele pode ser revendido se você se atrasar.

8 Outros Espaços Culturais

As entradas para programas culturais em locais como centros comunitários de artes e anfiteatros ao ar livre em geral – mas não sempre – estão disponíveis em agências de ingressos, como a Ticketmaster. Vários sites relacionam todos os espetáculos em cartaz em certo dia ou local.

9 Para Grupos

Quem quiser assistir aos espetáculos de Las Vegas deve consultar sua agência de viagem sobre passeios que incluam esses shows na programação.

10 Informação

Na maioria das vezes, você deve conseguir comprar ingressos diretamente no próprio local do espetáculo. Se não são vendidos lá, pergunte aos funcionários a quem recorrer para adquiri-los.

Agenda

Ticketmaster
800 745 3000

Casamento no Bellagio; Capela matrimonial; Casamento de Elvis Presley

TOP 10 Casar em Las Vegas

1 Habilitação

A autorização para se casar em Nevada é tradicionalmente menos rígida que em outros lugares dos EUA. Não há exame de sangue e, após a emissão da habilitação, não é preciso esperar certo tempo para casar. A fim de obter habilitação nupcial, os parceiros devem ir ao tabelionato municipal do Tribunal de Justiça de Clark. Todo ano são realizados mais de 100 mil casamentos em Clark County.

2 Prova de Identidade

Leve carteira do seguro social ou prova de identidade, como carteira de motorista internacional, cópia autenticada da certidão de nascimento, passaporte ou identidade militar. Os divorciados precisam provar que o divórcio foi concluído, com data, cidade e estado da certidão.

3 Idade de Emancipação

Pessoas com 18 anos ou mais não precisam de consentimento para casar, mas entre 16 e 18 devem ter um dos pais presente ou apresentar documento autenticado de um deles concedendo a permissão.

4 Preparativos

Quem quiser se casar no Dia dos Namorados *(14 fev)* ou no Ano-Novo deve obter a habilitação com boa antecedência para evitar filas no tabelionato.

5 Oficiantes

A lei de Nevada exige que o casamento seja feito por comissário nupcial, juiz de paz ou clérigo verdadeiros.

6 Cerimônias Civis

Os casamentos civis são realizados a uma quadra do Tribunal de Justiça, no Office of Civil Marriages, por US$50 em dinheiro ou cartão. Exige-se uma testemunha, além da pessoa que oficia a cerimônia.

7 Normas Religiosas

Se a sua decisão de fazer um casamento religioso em Las Vegas não for por impulso de momento, então peça ao seu padre, ministro ou rabino que contate o chefe da igreja ou sinagoga em Las Vegas em que você pretende se casar. Assim você pode resolver as eventuais discrepâncias entre denominações diferentes com relação à preparação para o casamento, publicação das proclamas etc.

8 Preços

Você precisa de US$60 – em dinheiro – para a habilitação. Conte com US$75 para usar a capela nupcial numa cerimônia simples e US$50 para o oficiante, além de flores, música e aluguel dos trajes. Os casamentos com um imitador de Elvis como oficiante custam a partir de US$200. Faça os preparativos para a cerimônia na capela com antecedência – com agenda lotada, não se realizam recepções.

9 Locais

Com mais de duas dúzias de igrejas, sinagogas, parques públicos, salões de dança e locais pitorescos, o número de lugares para se casar é limitado apenas pela imaginação – mas alguns oficiantes talvez não queiram realizar cerimônias pulando de paraquedas!

10 Casais do Mesmo Sexo

Os casamentos homossexuais não são reconhecidos em Nevada, mas a Gay Chapel of Las Vegas, da Viva Las Vegas Wedding Chapel *(p. 50)*, realiza cerimônias de compromisso.

Agenda

Clark County Marriage License Bureau
201 E. Clark Ave
• Aberto 8h-24h diariam
• 702 671 0600

Commissioner of Civil Marriages
309 S. 3rd St
• 14h-18h dom-qui, 8h-22h sex-sáb

Purple Unions (casamento gay)
www.purpleunions.com/usa/nevada.html

Veja mais sobre capelas matrimoniais nas **pp. 50-1**

Little Church of the West; Capela matrimonial; O romântico Pamplemousse

TOP 10 Pacotes de Lua de Mel

1 Hotéis
Como praticamente todos os hotéis de Las Vegas oferecem pacotes de lua de mel, sem dúvida vale muito a pena pesquisar qual a melhor opção. Os pacotes básicos em geral contam com um quarto mais arrumado, uma garrafa de champanhe com taças para levar de lembrança, café da manhã especial e jantar num dos restaurantes do hotel.

2 Variações de Preço
Enquanto as autorizações de casamento custam US$60 o ano todo e as taxas das capelas se mantêm bem constantes (as exceções são o dia 14 de fevereiro e o Ano-Novo), os pacotes de lua de mel mudam conforme a data. Por exemplo, uma lua de mel de uma semana durante os maiores congressos pode custar duas ou quatro vezes o preço cobrado na semana anterior ou posterior.

3 Pacotes de B&B
Se você preferir ficar longe da multidão e de luzes ofuscantes, pesquise os pacotes de meia pensão e os aluguéis de casas flutuantes para ter uma estadia mais tranquila *(veja também a p. 134)*.

4 Oportunidades na Internet
Pesquise bem as opções na internet. Todos os hotéis de Las Vegas têm sites e a maioria traz informações sobre pacotes.

5 Faça Tudo
Você pode achar que, em vez de escolher um pacote requintado, pode tornar sua lua de mel mais especial se a fizer por conta própria, com a reserva de um pacote normal de hotel (ou uma suíte romântica na Strip) e o acréscimo de toques românticos – uma caixa de chocolates finos Ethel M (feitos em Vegas), jantar num restaurante íntimo, como o Pamplemousse *(p. 46)* e ingressos para shows.

6 Dicas sobre Hotéis
A regra geral é que, quanto mais longe da Strip, menos caros são os quartos. Todavia, existem exceções de luxo à regra, como os chiques Green Valley Ranch, Red Rock Casino Resort e JW Marriott Las Vegas.

7 Assessoria Profissional
Para quem prefere não se incomodar em escolher detalhes, a maioria dos resorts dispõe de pacotes e de pessoas que planejam o casamento; entre em contato com elas diretamente.

8 Invista na Lingerie
Poupe um dinheiro do enxoval para comprar lingerie em Las Vegas, em lugares como Bare Essentials e Bad Attitude Boutique.

9 Fotos de Casamento
O casal pode fazer um suvenir barato da lua de mel pondo o rosto numa capa de revista na Cashman Photo Magic (Miracle Mile Shops, Planet Hollywood, 702 792 3686) ou posar com um artista de rua na Strip ou no centro.

10 Filmes
Alguns recém-casados fãs de cinema acham divertido alugar o filme de 1991 com Nicholas Cage, *Honeymoon in Vegas (Lua de mel a três)*, ambientado na cidade, para vê-lo na sua suíte.

Agenda

Bad Attitude Boutique
4011 W. Sahara Ave • 702 646 9669

Bare Essentials
4029 W. Sahara Ave • 702 247 4711

Informação Geral
www.vegas.com/weddings

Placa do Sunset Station; Grupos de caça-níqueis

TOP 10 Clubes de Caça-Níqueis

1 Associe-se
Se você quer jogar, junte-se a um slot club (clube de caça-níqueis). Quase todos os cassinos têm um, e quem tem mais de 21 anos pode se associar de graça. Os clubes dão aos jogadores vários prêmios conforme a quantidade de apostas, ganhadoras ou perdedoras.

2 Mais Vantagens
Compare os clubes para decidir quais têm os prêmios de que você mais gosta e o sistema de pontos mais vantajoso. Por exemplo, se o número de pontos para prêmios similares é o mesmo em dois clubes, um deles talvez conceda dois pontos a cada cinco dólares apostados nas máquinas, e o outro clube talvez exija só um dólar. Você pode se associar a quantos clubes quiser, mas os especialistas sugerem que escolha apenas um, para acumular pontos suficientes e receber os prêmios.

3 Cartão de Jogador
Insira seu cartão de sócio (dado após o registro) para ganhar os pontos registrados. Os pontos acumulados podem ser trocados por refeições e descontos em diárias (ou até quartos grátis), além de artigos promocionais como canecas, camisetas, bolsas, casacos e bonés. Alguns cassinos premiam em dinheiro.

4 Anfitriões
Quase todo cassino emprega "anfitriões de caça-níqueis" *(slot-club hosts)*, que circulam pela casa. Se tiver dúvidas sobre o funcionamento das máquinas, pergunte a eles, e também quanto tempo precisa jogar para ganhar almoço, jantar ou uma diversão no "showroom" (teatro) do cassino. Não se acanhe: isso é completamente normal.

5 Segredos de Sócio
Os casais que estão em viagem em Las Vegas devem se associar juntos, pois ganharão dois cartões com a mesma quantidade de pontos acumulada. Contudo, quem planeja ir mais vezes à cidade lucra mais associando-se sozinho: os cassinos enviam ofertas como certo número de diárias por preço reduzido. Associando-se isoladamente, o casal talvez consiga aproveitar o dobro de diárias com desconto.

6 Dividendos
Escolha as máquinas com melhor índice de pagamento. Essas tabelas ficam na frente de cada uma e indicam as combinações vencedoras e o valor pago quando a se obtém a combinação. Os jogadores experientes sabem que os equipamentos de videopôquer e caça-níqueis de qualquer cassino têm índice de dividendos variado, assim como de *paybacks* (a média percentual que a máquina paga ao jogador).

7 Controle do Dinheiro
Lembre-se de que em todo jogo de cassino a casa leva vantagem (mesmo o rendimento de 100% ou mais no videopôquer que pague melhor é atribuído a uma jogada perfeita). Perder US$50 para ganhar de prêmio um bufê de US$6,95 não é um bom negócio. Ponha dinheiro na sua conta e não leve a carteira, para não cair na tentação de gastar mais que o previsto.

8 Jogos de Mesa
Muitos cassinos contam com mesas de jogo no clube de caça-níqueis. Se jogar na mesa em um deles, contate o gerente para que seu jogo seja incluído na sua contagem de pontos.

9 Resgate
A maioria dos cassinos tem caixas e máquinas de tíquetes para que você possa reaver seu dinheiro quando quiser.

10 Planos Futuros
Se você pensa em voltar logo a Las Vegas, torne-se um cliente fiel usando certos cartões de jogador e ficando no mesmo hotel.

Cartão de caça-níqueis; Mesa de *blackjack*

TOP 10 Torneios de Jogos

1 Programação

Os jogadores devem entrar em contato com vários cassinos para saber se haverá torneio de jogos no período em que estiverem em Las Vegas. Esses torneios vão de eventos gratuitos diários e outros com taxa baixa a campeonatos de quatro dias. *Blackjack*, caça-níqueis e videopôquer são os mais procurados.

2 Torneios de Vários Dias

Conte com um bom tempo livre durante os torneios de quatro dias, pois o jogo de verdade leva apenas de duas a três horas. A taxa de participação em geral inclui hospedagem, algumas refeições e créditos de bebida para o concorrente e um acompanhante. Os ingressos podem custar de centenas a milhares de dólares. O prêmio nos torneios de apostas altas pode atingir US$1 milhão.

3 Entre Jogadas

O motivo principal para os cassinos promoverem torneios é acreditar que os participantes jogarão no cassino quando não estiverem competindo. A maioria dos torneios de caça-níqueis e videopôquer consiste em três rodadas de 20 a 30 minutos cada uma em máquinas com contador e não requerem dinheiro para jogar no torneio. Recebem prêmios os vencedores de cada rodada, bem como os jogadores cuja pontuação nas três rodadas somadas seja a maior.

4 Prêmios

A quantidade de prêmios em dinheiro varia, mas a maioria dos torneios paga em espécie grande porcentagem – talvez 25% – dos concorrentes.

5 Blackjack

Se o seu jogo é *blackjack*, vai ver que os torneios em geral compõem-se de três rodadas, cujos vencedores avançam para as semifinais e as finais. A taxa de entrada costuma cobrir um número determinado de fichas de torneio, entregues no início da competição e antes das rodadas semifinal e final.

6 Grandes Apostadores

Se você é um deles, não deixe de entrar na lista de convidados em seus cassinos preferidos. Muitos não divulgam seus torneios, mas convidam jogadores de classe cujo nome foi selecionado no banco de dados. Hospedagem, comida e bebidas gratuitas são em geral da melhor qualidade, e a taxa de entrada vai de zero a milhares de dólares.

7 Controle do Dinheiro

Para pessoas com pouco dinheiro, é mais prático jogar em torneios que tenham taxas de entrada do que nos gratuitos, em que os participantes usam o próprio dinheiro para jogar. Em torneios com taxa de entrada ilimitada, os jogadores podem dar mais dinheiro para comprar mais fichas ou tempo de jogo à medida que o torneio avança.

8 Sem Álcool

Ao competir num torneio que dependa de sorte e de perícia, leve vantagem tomando apenas refrigerante e água mineral, e não as bebidas alcoólicas gratuitas.

9 Máquinas de Torneio

Não espere que as máquinas do cassino deem combinações vitoriosas tanto quanto as de torneio. Como pontuação alta e o prêmio máximo criam empolgação, as máquinas usadas em torneios são calibradas para agitar os concorrentes.

10 Mais Convites

Se você participou de um torneio e quiser ser convidado de novo, envie uma mensagem de agradecimento ao diretor de eventos especiais do cassino.

Crupiê apronta mesa com roleta; Bacará; *Kenô*

TOP 10 Dicas de Jogo

1 Antes de Mais Nada

Lembre-se: o jogo de azar é um negócio. Quase sempre a casa ganha. Pense nele como uma diversão noturna, não como meio de fazer dinheiro. Decida antes quanto deseja gastar e saia assim que tiver gastado essa quantia. Se você ganha algo e quer continuar jogando, faça *cash-ins* frequentes (ponha de lado seu capital inicial mais parte do lucro) para sair mais adiante.

2 Jogos de Cassino

Blackjack (também chamado "21") é o jogo de mesa em que os jogadores têm as melhores chances. Entre outros jogos favoritos estão craps (dados), bacará, roleta, pôquer e três jogos baseados no *five card stud: Caribbean stud poker, Let 'er Ride* e *pai gow*.

3 Caça-Níqueis

Muitos especialistas acreditam que os caça-níqueis viciam. É com os *slots* que os cassinos de Nevada faturam dinheiro alto. Alguns – o videopôquer em particular – envolvem alguma perícia. Outros são só de azar. As máquinas mais novas incorporam elementos que as tornam mais atraentes que as tradicionais.

4 Dinheiro Conta

O jogo fica mais rápido quando se inserem notas maiores, de US$10 ou US$20, na ranhura das máquinas (elas não aceitam moedas). Os jogadores só precisam apertar um botão e a quantia escolhida é subtraída da conta. Quando se obtém uma combinação premiada, o pagamento é somado ao total, e não ejetado pela máquina. O acerto é feito por meio de tíquetes, que os jogadores trocam no caixa do cassino.

5 Tabela de Prêmios

Muitos novatos em caça-níqueis não percebem que não podem ganhar a maior bolada anunciada na máquina se não apostarem a quantidade máxima de moedas aceita pelo equipamento. Isso significa que você precisa decidir se quer arriscar grandes quantias ou prefere se decepcionar quando conseguir a combinação máxima e não tiver moedas suficientes para receber o prêmio.

6 Kenô

As chances de ganhar no *kenô* são as mais baixas de todos os jogos de cassino. Ele se baseia na seleção de certos números (de 1 a 80) que se espera ver entre os vinte números exibidos aleatoriamente. O pagamento depende da quantidade de "catches" (números certos). A maioria dos cassinos tem salas de *kenô*.

7 Jargão de Cassino

Ajuda saber ao menos um pouco do jargão dos cassinos. *Hand pay* (pagamento pessoal): acertos pagos por funcionários e não por máquinas. *Stickman*: funcionário que usa uma espécie de gancho comprido para mover os dados pela mesa de *craps*. *Shooter* (lançador): jogador que lança os dados. *Tokes*: gorjetas por serviços prestados. *RFB comp*: quarto, comida e bebidas de graça (em geral dadas ao cliente que gasta muito). *High roller*: grande apostador. *Bust hand* (mão estourada): no *blackjack*, mão que totaliza mais de 21.

8 Fichas

Ao jogar nas mesas, lembre-se de que fichas não são "dinheiro de brinquedo". Em todos os cassinos de Las Vegas, as de US$5 são vermelhas, as de US$25, verdes e as de US$100, pretas. A cor de fichas mais valiosas varia.

9 Cuidado com os Cupons

Aproveite os cupons dois por um ou outros nos cassinos só se você pretende de fato jogar. Caso contrário, não se deixe convencer a jogar.

10 Hand Pays

Quando você ganha uma bolada e é um funcionário do cassino que lhe paga, não uma máquina, costuma-se dar gorjeta. Qualquer quantia é bem-vinda, mas a maioria dá de 3% a 5%; os grandes apostadores chegam a dar até 10%.

Veja mais sobre cassinos e jogo nas **pp. 36-7 e 122-3**

Apostas em jogo de *craps*; Dados de *craps*; Cassino do Arizona Charlie

TOP 10 Riscos do Jogo

1 Intervalo de Jogo

Não jogue sem descanso. Jogar pode ser exaustivo mental e fisicamente. Se você passar mais de uma hora na mesa de apostas, ou duas horas curvado sobre um caça-níqueis, é quase certo que a fadiga do jogador o pegue. Fazendo um intervalo – talvez uma caminhada curta do lado de fora –, você vai se sentir renovado.

2 O Mito do "Agora Vai Dar"

Alguns jogadores acreditam que, como faz tempo que o caça-níqueis não paga uma bolada, agora vai pagar. Nada disso. Cada giro é independente e não tem relação com o que ocorreu antes e com o que vai ocorrer depois.

3 Atenção às Contas

Tome cuidado com as máquinas de moedas variadas. Os cassinos lucram mais nessas que nas outras. Enquanto algumas têm nove linhas de premiação, a maioria tem 20 ou 25. Isso significa que, com nove linhas de premiação, deve-se jogar com nove moedas caso se queira arriscar todas as possibilidades, ou múltiplos de até 20 em outras máquinas. Portanto, pode-se apostar até US$5 ao apertar o botão.

4 Não Conte Suas Vitórias

Não faça alarde de seus ganhos em nenhum lugar em que estranhos possam ouvir. Nunca se sabe quem são essas pessoas – podem ser vigaristas ou coisa bem pior.

5 Bebidas Gratuitas

Resista à garçonete que circula pelo cassino entregando coquetéis alcoólicos gratuitos aos jogadores. Quem bebe em excesso não joga tão bem quanto sóbrio – já houve até jogadores bêbados que se esqueceram de levar tíquetes premiados ao ir embora!

6 Fumaça no Ar

Se você não gosta de fumar, não se meta nas salas cheias de fumaça. Alguns cassinos (em geral os mais novos) contam com aparelhos mais eficientes para reduzir a fumaça. Com tantos cassinos na cidade, não é difícil achar um desses.

7 Desconto do Contracheque

Os cassinos costumam oferecer todo tipo de estímulo – bebidas grátis, jogadas grátis nos caça-níqueis, participação em sorteios de prêmios como carros e até casas – para que as pessoas que trabalham e recebem o salário nos EUA descontem o contracheque nos cassinos. Uma vez descontado, fica mais fácil gastar o dinheiro.

8 Estabeleça um Limite Rígido

Não deixe de estipular uma quantia máxima de dinheiro que você pode se dar ao luxo de perder. Por outro lado, não é bom definir uma meta de quanto você quer ganhar antes de parar. É bem provável que tentar atingir a meta custe mais do que a própria meta. É verdade que algumas pessoas ganham – às vezes, somas enormes. Mas os hotéis e cassinos são a prova viva de que os apostadores perdem mais do que ganham.

9 Mau Negócio

Resista aos atrativos de US$40 ou até US$100 dados por alguns cassinos para jogar em caça-níqueis por US$20. Esse jogo só é permitido em certas máquinas, e os incautos aprendem as regras verdadeiras só depois de gastar mais.

10 Limite de Idade para o Jogo

Não jogue se tiver menos de 21 anos. Se pegos, os menores ou são detidos ou recebem uma intimação. Nos dois casos exige-se a apresentação a um tribunal, pois a infração é sujeita a punição, que pode ser uma multa, serviço prestado à comunidade ou pena de até um ano de prisão.

Excalibur; Aprendendo o ofício; Palace Station

TOP 10 Aulas de Jogo

1 Medo de Novato
Para superar o medo, o principiante precisa ter aulas dos jogos que pretende jogar. Em geral, as aulas são dadas nos cassinos indicados, de segunda a sexta; duram cerca de uma hora e são gratuitas.

2 Regras da Casa
Mesmo que você jogue pôquer ou bacará com os amigos, o bom das aulas é aprender os procedimentos e protocolos do jogo em cassino. Pode ser embaraçoso não saber as regras.

3 Horário
Você aproveita mais as aulas de jogo no período da manhã. À medida que o dia avança, os cassinos – local da maioria das aulas – tornam-se mais barulhentos, impedindo a concentração no que o instrutor está dizendo.

4 Gorjeta
Embora as aulas não sejam pagas, o instrutor fica satisfeito de receber uma gorjeta. Qualquer quantia entre US$2 e US$5 é suficiente.

MGM Grand

5 Locais
Mais de meia dúzia de cassinos na Strip oferece aulas grátis sobre jogos, entre eles o Excalibur, o Circus Circus, o Tropicana e o Imperial Palace. O horário das aulas varia conforme o cassino.

6 Jogos Diferentes
Quando você se sentir disposto ou preparado para jogar as modalidades de pôquer *pai gow*, *Caribbean stud* e *Let it Ride*, ligue para o Golden Nugget ou para o Planet Hollywood a fim de saber o horário das aulas.

7 Aulas no Centro
Se você quer distância da Strip, o Golden Nugget é um dos poucos cassinos no centro que oferecem aulas de jogo.

8 Aulas Fora da Strip
Mais distante – e boa opção se você está de carro e não quer ter dificuldade para estacionar –, o Gold Coast Hotel and Casino tem fama de oferecer boas aulas de jogo.

9 Aulas na TV
Em vez de participar de aulas em grupo, os hóspedes de diversos hotéis podem aprender a jogar assistindo aos programas especiais na TV do seu quarto. Eles são repetidos a intervalos regulares durante o dia inteiro.

10 Cautela
Assistir às aulas de jogo não significa que você já seja um especialista! Observe jogos de verdade antes de apostar, e comece apostando quantias mínimas até se sentir mais seguro.

Blackjack

Agenda de Cassinos com Aulas de Jogo

Caesars Palace
3500 Las Vegas Blvd S.
• 800 364 6001

Excalibur
3850 Las Vegas Blvd S.
• 702 597 7777

Gold Coast Hotel & Casino
4000 W. Flamingo Rd
• 702 367 7111

Golden Nugget
129 Fremont St
• 702 385 7111

Planet Hollywood
3667 Las Vegas Blvd S.
• 866 919 7472

Tropicana Las Vegas
3801 Las Vegas Blvd S.
• 800 462 8767

Veja mais sobre cassinos nas **pp.36-7**

Placa de acesso para cadeira de rodas; Monotrilho

TOP 10 Portadores de Deficiência

1 Acessibilidade
Las Vegas talvez seja a cidade mais acessível do mundo para portadores de deficiência. Se tiver dúvidas ou necessidades especiais, peça ao seu agente de viagem que contate o coordenador da Americans with Disabilities Act (ADA) do hotel antes da visita. Todo grande hotel-cassino tem um responsável para garantir que as instalações sejam acessíveis.

2 Transportes no Aeroporto
Os ônibus do aeroporto equipados com elevadores param junto às portas 1, 3 e 4 da área de coleta de bagagem. Se quiser um táxi, talvez seja necessário chamar um com elevador – os telefones de ligação direta estão na área de coleta de babagem. Informe-se se o transporte da locadora até o estacionamento é acessível, e avise-a com antecedência se precisar de rampa e da retirada do banco traseiro.

3 Exigências da ADA
Bellagio, The Mirage e Imperial Palace são os hotéis mais bem equipados para portadores de deficiência. Porém, todos os hotéis devem ter alguns quartos adaptados. Talvez você precise pesquisar para obter instalações como chuveiros para cadeirantes, aparelhos para escuta, despertadores vibratórios e TV com legenda.

4 Acessibilidade nos Cassinos
Todo cassino tem caça-níqueis acessíveis, e muitos deles contam com mesa rebaixada com lugar para cadeira de rodas. A maioria dos salões de bingo tem cartões em braile e baralho com símbolos grandes. Se avisados com antecedência, muitos cassinos providenciam intérpretes de língua de sinais norte-americana) para aulas de jogo.

5 Piscinas
A maioria dos hotéis tem elevadores para levar os hóspedes às piscinas – algumas, com praia de areia, são acessíveis para cadeira de rodas.

6 Espetáculos
Todos os locais de Las Vegas para grandes shows e outros (em geral chamados *showrooms*) dispõem de áreas especiais para cadeirantes. Avise antes o pessoal da casa, pois a entrada será preferencial.

7 Rampas e Banheiros
Prédios públicos, atrações e hotéis-cassinos contam com rampas e banheiros para portadores de deficiência. O meio-fio na maioria das ruas é rebaixado para cadeirantes. Os ônibus são totalmente acessíveis, bem como alguns táxis, bondes e monotrilho. Também se podem alugar cadeiras motorizadas, que substituem as convencionais.

8 Horário dos Remédios
Se você toma remédios em horários fixos, leve um relógio – não há relógios nos cassinos.

9 Passarelas de Pedestres
Não se preocupe com as escadas para acessar as passarelas. Chega-se a estas de elevador ou escada rolante.

10 Informações
Procure a ADA para sanar as suas dúvidas. Tente também se informar no site abaixo.

Agenda

www.vegas.com/lounge/handicapped

Bellagio

Livraria de temas gay; A cidade à noite

TOP 10 Gays e Lésbicas

1 Aceitação
As opiniões são variadas a respeito da aceitação de gays e lésbicas em Las Vegas. Ao mesmo tempo que a cidade é liberal e permissiva – afetada, até –, os heterossexuais podem ser considerados ultraconservadores. Dito isso, a cidade elegeu seu primeiro deputado gay à assembleia estadual em 1996. Muitas empresas de Las Vegas aceitam a inclusão do que se chama de "parceiro de casa" em seus planos de saúde. Na maioria, os moradores acolhem a todos, e a hostilidade direta é bastante rara.

2 Organizações Gay
Existem mais de 75 associações gay ativas em Las Vegas, representando todo tipo de interesse, de cantores a motociclistas. Embora não seja dedicado exclusivamente à população LGBT, o Erotic Heritage Museum tem um calendário completo de oficinas educativas e palestras em ambiente convidativo.

3 Onde Acontece o Agito?
A principal área gay e lésbica de Las Vegas, que abrange diversos bares e boates voltados a esse público, encontra-se na região da Paradise Road e das avenidas Harmon e Tropicana, a leste do MGM Grand, e é chamada de Fruit Loop.

4 Boates
A Gipsy continua sendo uma das casas noturnas mais atraentes, e a Kraze também fez parte da cena por um tempo. Charlie's, Piranha Nightclub e Share Nightclub também vêm ganhando uma clientela fiel. Se quiser algo mais discreto, tente a Free Zone.

5 Bar Transexual
O Las Vegas Lounge é o único bar transexual da cidade.

6 Informação na Internet
Diversos sites informam sobre locais para gays e lésbicas. Veja em www.vegas.com/traveltips/guide/gaylesbian.html a lista de hotéis e restaurantes pertencentes a gays ou voltados para eles.

7 Ponto de Encontro
O Gay & Lesbian Community Center of Southern Nevada (chamado simplesmente The Center) promove eventos sociais frequentes e é local de encontro de vários grupos LGBT. Oferece também exames gratuitos e confidenciais de HIV nas tardes de segunda e quinta, das 13h30 às 18h.

8 Material de Leitura
Get Booked, a livraria de homossexuais da cidade, pequena mas bem abastecida, fica aberta sete dias por semana.

9 Publicações
Veja notícias relativas a gays em *QVegas*. A publicação pode ser encontrada pela cidade, e tem também boletim on-line e site.

10 Atendimento
A organização PFLAG (Parents and Friends of Lesbians and Gays) mantém uma linha telefônica de atendimento, listada abaixo.

Agenda

Charlie's
5012 Arville St
• 702 876 1844

The Gay & Lesbian Community Center
953 E. Sahara Ave
• 702 733 9800

Get Booked
4640 Paradise Rd
• 702 737 7780
• Aberto 10h-24h dom-qui, 10h-2h sex-sáb

Gipsy
4605 Paradise Rd
• 702 731 1919

Krave
3663 Las Vegas Blvd S.
• 702 836 0830

PFLAG Help Line
702 438 7838

Piranha Nightclub
4633 Paradise Rd
• 702 791 0100

Share Nightclub
4636 Wynn Rd
• 702 258 2681

Sites
www.qvegas.com
www.travelnevada.com/gay

Placa do Bank of America; Caixa eletrônico; Nota de US$50

TOP 10 Bancos e Dinheiro

1 Horários de Funcionamento
A maioria dos bancos funciona das 9h às 17h ou 18h, de segunda a sexta, e das 9h às 13h aos sábados. As agências em supermercados costumam ter horário prolongado e abrem no sábado o dia todo e às vezes no domingo à tarde.

2 Caixas Eletrônicos
Em geral, as taxas de câmbio para saques ou crédito são melhores para os estrangeiros nos caixas eletrônicos. Você terá de pagar uma taxa, cobrada no seu extrato, ao usar um caixa que não o do seu banco. As instruções de uso estão em inglês e espanhol e algumas vezes em japonês.

3 Banco Drive-Thru
Para muitas transações monetárias simples, o serviço bancário *drive--thru* é o mais conveniente de todos. Os guichês costumam abrir meia hora antes do horário normal e fechar meia hora depois do expediente bancário em dias úteis.

4 Dinheiro Vivo
Retiradas de dinheiro com cartão de crédito são feitas em máquinas para esse fim em todos os hotéis-cassinos, mas também costumam custar mais: a tarifa comum é de 5% (ou seja, uma taxa de US$50 pela retirada de US$1.000), com porcentagem maior em retiradas menores.

5 Desconto de Cheques Pessoais em Hotéis
A maioria dos hotéis desconta cheques pessoais dos hóspedes, desde que sejam em dólares americanos. Todavia, não é um procedimento comum descontar cheques de quem não é hóspede.

6 Moeda Estrangeira
Ao contrário dos bancos da Europa, poucos bancos de Las Vegas lidam com moeda estrangeira. O mais prático deles talvez seja o Bank of America. Diversos hotéis-cassinos trocam a moeda de países importantes, mas cobram uma taxa sobre o câmbio do hotel.

7 Traveller's Cheques
Os traveller's cheques podem ser descontados em qualquer banco ou hotel--cassino. Leve cheques em dólares americanos para não pagar taxa de câmbio toda vez que descontar um. Se você tem cheques em moeda estrangeira, peça de valor alto para poupar nas taxas ao descontá-los.

8 Cartões de Crédito
A maioria dos estabelecimentos de Las Vegas aceita os principais cartões de crédito. Fique atento à taxa de IOF, cobrada em transações realizadas com cartões de crédito no exterior.

9 Notas de Dólar
Se você não conhece as notas americanas, leve em conta o fato de que elas são bem difíceis de diferenciar (exceto a nova de US$100). Redobre a atenção ao dar dinheiro a taxistas etc. Uma cédula de US$1 tem o mesmo tamanho e cor que uma de US$20. Os valores começam em US$1 e vão até US$100.

10 Trocados
O dólar (às vezes chamado *buck*) divide-se em 100 centavos (*pennies*). As moedas possuem os valores de 1, 5 (*nickel*), 10 (*dime*), 25 (*quarter*) e 50 centavos (*half-dollar*).

Agenda

Bank of America
4795 S. Maryland Pkwy • 702 654 4120 • Aberto 9h-17h seg-qui, 9h-18h sex, 9h-13h sáb • www.bankofamerica.com

Acesso público à internet; Selo postal; Placa de agência dos correios

TOP 10 Comunicações

1 Publicações para Turistas

Entre os guias de diversão úteis estão *What's On, Where* e *Monorail Magazine*. Procure os cupons de desconto em refeições ou shows.

2 Jornais de Las Vegas

O principal jornal da cidade, o *Las Vegas Review-Journal*, sai todo dia. Os outros periódicos mais lidos são o *Las Vegas Weekly* e o *Vegas Seven*, ambos semanários gratuitos.

3 Acesso à Internet

A maioria dos hotéis inclui acesso à internet no preço da diária. Se você quiser pontos de acesso públicos, vá a uma loja como a Fedex Office, que cobra pelo uso do computador e oferece Wi-Fi grátis. Bibliotecas públicas também têm serviços gratuitos de internet, e é possível acessá-la por Wi-Fi gratuito em locais exclusivos de cafeterias, como a Starbucks e a Coffee Bean & Tea Leaf, bem como nas lojas do McDonald's.

Telefone público

4 Ligações Telefônicas

Para fazer uma chamada dentro de Las Vegas e arredores, omita o código de área 702. Ao telefonar para fora da área, é preciso digitar 1, seguido do código de área e do número de sete dígitos. As chamadas locais de um quarto de hotel, em geral, são gratuitas. O modo mais fácil de pagar ligações de longa distância é inserir seu cartão de crédito. Como em qualquer lugar do mundo, as chamadas de longa distância feitas em hotéis custam bem mais que as de telefones públicos.

5 Telefones Públicos

Você encontra telefones públicos – ou *pay phones* – em supermercados, postos de gasolina restaurantes, hotéis e cassinos por toda a região. Dentro dos prédios, os telefones ficam em geral perto dos banheiros.

6 Celulares

É difícil um celular conseguir linha na Strip e nos cassinos. Chamadas e mensagens feitas em locais abertos têm mais sucesso.

7 Centros de Negócios

A maioria dos principais hotéis tem um centro de negócios (pago) equipado com computadores novos. Alguns oferecem serviços de secretariado e têm quartos dotados de *dataports* para computadores e uso de internet.

8 Western Union

Se precisar enviar telegramas internacionais, pergunte no hotel onde fica a agência mais próxima da Western Union, que também pode ser usada para transmitir ordens de pagamento.

9 Correios

A correspondência pode ser enviada para o seu hotel ou para a "General Delivery" de qualquer US Post Office na cidade. A agência de melhor localização para os turistas é a do centro, embora muitas farmácias e bancos vendam selos.

10 TV e Rádio

Há 40 emissoras locais de rádio e TV. Se a programação não agradar, é bem provável que seu hotel tenha TV a cabo ou por satélite.

Agenda

Cyber Stop
3743 Las Vegas Blvd S.
• 702 736 4782

Fedex Office
4750 W. Sahara Ave
• 702 870 7011

US Post Office
201 Las Vegas Blvd S.
• 702 382 5779

Para ligar para o Brasil, digite 011 + o código do país (o do Brasil é 55). Depois digite o código de área, sem o primeiro 0, mais o número do telefone.

Veja mais sobre fontes de informação na **p. 115**

Guarda de segurança; Carro de polícia

TOP 10 O que Evitar

1 Engarrafamento

As ruas que cruzam o Las Vegas Boulevard South têm tráfego lento, mas as paralelas à Strip, como Industrial Road, a oeste, e Koval Lane, a leste, são boas opções. No horário de pico, conte com mais tempo de trânsito.

2 Áreas Perigosas

Embora a Strip e as cinco quadras do calçadão comercial da Fremont Street Experience sejam consideradas seguras a qualquer hora, certas áreas do norte de Las Vegas e da S. Maryland Parkway, à volta do Sunrise Hospital, não são. O bairro ao norte da biblioteca no Las Vegas Boulevard North talvez seja o mais complicado da cidade. Não ande por lá.

3 Golpistas

Grupos de trapaceiros – homens e mulheres – costumam atuar em Nevada, aplicando todo tipo de golpe. Eles visam principalmente idosos, mas não somente. Tome cuidado com qualquer um que se aproxime de você com uma oferta que pareça boa demais para ser verdade e nunca concorde em receber prêmios por outra pessoa sob a promessa de que será recompensado. Sobretudo os trapaceiros com cartas procuram ingênuos. Se uma mão parecer boa demais, desconfie.

4 Prostituição

A prostituição é legalizada no estado de Nevada, exceto em cinco condados – e um deles é Clark County, onde fica Las Vegas. Prostitutas e clientes detidos são sujeitos a multa e prisão. Saiba que as boates de strip-tease no centro e na Strip são empresas legalizadas e não bordéis.

5 Esconda o Dinheiro

Não use joias caras: elas dizem a ladrões e batedores de carteira que você é um alvo lucrativo. Mantenha os objetos de valor no cofre do seu quarto ou no cofre do hotel. Fique com seus pertences o tempo todo – a empolgação das luzes, da música e do clima de festa podem ser motivo de distração. Se ganhar uma grande quantia de dinheiro, peça o pagamento em cheque, não em dinheiro. Os cassinos também providenciam seguranças para os clientes que solicitarem.

6 Não Deixe a Garotada à Solta

Não permita que menores de 16 anos fiquem sozinhos. Crianças com menos de 12 anos não devem ir a shoppings ou *arcades* sem um adulto, mesmo em grupo.

7 Cuidados com o Carro

Evite entrar em garagens pouco iluminadas e em estacionamentos abertos à noite, principalmente se estiverem desertos. Trave todas as portas do carro mesmo quando estiver dirigindo. Guarde qualquer pacote e mala no porta-malas. Quando deixar o carro com um manobrista, é melhor retirar qualquer objeto valioso e entregar um chaveiro só com as chaves do carro.

8 Precauções na Hora de Comer

Sopa fria e salada quente de batata são possíveis causas de intoxicação. Ao comer em bufês, faça questão sempre de comer quente o que se pressupõe que deve ser quente e frio o que deve ser frio. As melhores opções são os pratos feitos na hora, como omeletes e massas.

9 Dando Dinheiro

Você, claro, é que decide dar ou não dinheiro aos *panhandlers* (mendigos), mas talvez seja bem melhor contribuir com entidades assistenciais que oferecem comida e abrigo aos sem-teto.

10 Agentes da Lei

Apesar da atmosfera descontraída de Las Vegas, o departamento de polícia é bem rígido na aplicação das leis. Não faça na cidade nada que você não poderia fazer no seu país, para evitar problemas.

Veja mais sobre precauções no deserto na **p. 133**

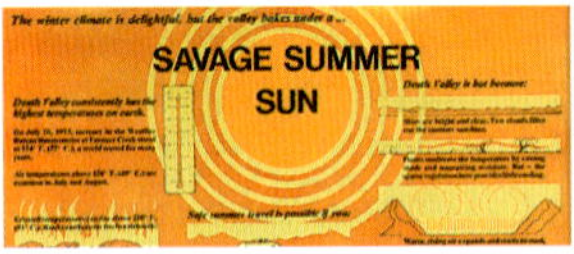

Placa no deserto; Termômetro com graus Celsius e Fahrenheit; Placa de drogaria

TOP 10 Como Ficar Saudável

1 Aclimatação

Dê ao seu corpo um tempo para se aclimatar na cidade antes de fazer atividades cansativas, sobretudo se a sua viagem foi longa e se você veio de um lugar com clima e altitude muito diferentes. Por causa do tempo seco as pessoas com propensão a sangramento nasal, por exemplo, podem ter problemas.

2 Muita Água

A baixa umidade de Nevada obriga a tomar muito líquido todo dia (bebidas alcoólicas não contam), especialmente no verão. Desidratação e insolação são a causa de muitos atendimentos de emergência.

3 Protetor Solar

Aplique filtro solar sempre que sair, não só na piscina do hotel. Mesmo filtrada por nuvens, a luz do sol de Nevada pode queimar.

4 Poluição

A poluição causada por poeira do deserto, escapamento de automóveis e grãos microscópicos de canteiros de obras pode incomodar quem tem problemas respiratórios – mantenha sua medicação por perto.

5 Alergias e Artrite

Pessoas com alergia a poeira e artemísia podem ter problemas em Las Vegas. No entanto, quem sofre de artrite sente-se mais confortável com a baixa umidade do que nos lugares de umidade elevada.

6 Álcool e Direção

É fácil exagerar no álcool num ambiente festivo com luzes fortes e bebidas à vontade. Cabe a você decidir quanto beber, mas nem pense em dirigir depois. Pela legislação de Nevada, o nível de álcool no sangue para a pessoa ser considerada bêbada é de 0,08% e pode resultar em apresentação no tribunal e multa pesada, se o motorista for parado pela polícia. Em caso de acidente com morte, a consequência pode ser a prisão.

7 Seguro

Seguro de viagem não é obrigatório para turistas nos Estados Unidos, mas recomenda-se enfaticamente que você contrate um, porque as assistências médica e dentária de emergência podem ser bastante caras. Na maioria das vezes, o paciente deve fazer o pagamento (ou garanti-lo) antes de ir embora da clínica, do hospital ou do consultório.

8 Tome Seus Remédios

Saiba que não há relógio nos cassinos: a empolgação do jogo pode fazê-lo se esquecer de tomar seus remédios. (E também procure saber quais não podem ser tomados com bebida alcoólica.) Para mandar fazer suas receitas, vá ou a uma drogaria ou à seção de farmácia dos supermercados, várias das quais ficam abertas 24 horas.

9 Atendimento Médico

Uma vez que Las Vegas tem mais turistas que qualquer outro lugar dos Estados Unidos, o profissional médico conhece muito bem a necessidade do atendimento no quarto (incomum no país). Se você for acometido por uma doença que exija atendimento médico, a Inn-House Doctor, Inc. proporciona consultas 24 horas por dia durante a semana inteira, e o médico pode ir ao hotel se necessário. O Harmon Medical Center oferece uma clínica das 8h às 20h, de segunda a sexta. Você precisa ter seguro-saúde e identificação para usar o serviço. Existem ainda vários prontos-socorros em Las Vegas.

10 Emergências Médicas

Se tiver uma emergência médica muito grave, ligue 911 de qualquer telefone (lembre-se de digitar antes o número certo para conseguir linha, se estiver num quarto de hotel) ou peça à telefonista que faça a ligação e envie o pessoal de atendimento imediatamente ao seu quarto.

Passeio no deserto logo pela manhã, antes de a temperatura se elevar demais

TOP 10 Precauções no Deserto

1 Reserva de Água

Não deixe de levar água potável. Sugere-se um galão (3,8 litros) por pessoa. Os maiores perigos dos entusiastas do ar livre são hipotermia (queda extrema da temperatura corporal) e insolação (aumento extremo da temperatura corporal). Evita-se este último tomando água. Leve água também para o carro. Até os radiadores dos carros novos se superaquecem quando a temperatura atinge 120°F (cerca de 50°C).

2 Inspecione o Carro

Verifique se o seu carro está em boas condições mecânicas e se o tanque está cheio. Fique em estradas pavimentadas e não guie pelo acostamento, se possível, para não atolar na areia.

3 Enxurradas

Não tente dirigir em locais inundados. Se a água começar a subir na estrada, o melhor é abandonar o carro e ir para um lugar alto.

4 Não Vá Só

Nunca se aventure pelo deserto sem companhia e não caminhe sem um bom mapa e uma boa bússola, mesmo que você tenha um GPS.

5 Diga Onde Você Estará

Sempre que for andar pelo deserto, avise um guarda-parque ou outro responsável sobre o seu destino e hora prevista de retorno. Caso você se perca, as equipes de busca e resgate serão mais eficientes se tiverem informações.

6 Roupa Adequada

A desidratação é mais lenta e a exposição ao sol é menor se você vestir várias peças de roupa. No deserto, não são raras temperaturas bem acima de 100°F (38°C), e no inverno elas podem ser congelantes. Durante um dia e uma noite comuns, a variação de temperatura pode ser enorme.

7 Prepare-se

Leve sempre estojo de primeiros socorros ao caminhar. Todos acima de 12 anos devem saber fazer ressuscitamento e dar auxílio básico.

8 Bichos Perigosos

Cuidado com cascavéis e escorpiões. Antes de sair, saiba o que fazer em caso de picadas (recomenda-se assistência médica imediata). Outros animais e insetos perigosos do deserto são o lagarto monstro-de-gila, suçuaranas, javalis, ursos, abelhas-africanas e centopeias. Os bichos podem parecer mansos, mas atacam caso se sintam ameaçados ou achem que os filhotes correm perigo.

9 Cubra a Cabeça

Use chapéu para evitar insolação sempre que estiver sob o sol do deserto no meio do dia, até com céu encoberto. Mesmo que você fique poucos minutos exposto, proteja a pele e os lábios com filtro solar. Hidratante também ajuda no clima desértico.

10 Contenha a Curiosidade

Fique longe de minas abandonadas, muito perigosas por causa da possibilidade de afundamento do solo, desníveis abruptos e gases letais.

Agenda

24 Hour Vegas Hotel Doctor
702 677 2644

Harmon Medical Center
150 E. Harmon Ave • Mapa Q3 • 702 796

Inn-House Doctor, Inc
702 259 1616

Telefone de Emergência
911

Tenda; Entrada de camping para trailers, Laughlin; Barraca em parque nacional

TOP 10 Camping e Casas Flutuantes

1 Pesquise os Campings

Em geral é proibido acampar em parques urbanos. É permitido acampar em parques estaduais e nacionais, nos espaços reservados para esse fim, assim como pernoitar fora de trilhas. A maioria das áreas de acampamento e recreação dos parques estaduais e nacionais tem a orientação de atender quem chegar primeiro. Chegue cedo para ter mais chance de conseguir um lugar. Contudo, como outros campings exigem reserva, você precisará contatá-los antes. Não deixe de obedecer a todas as normas sobre fogueiras, cuidados com animais de estimação e descarte do lixo.

2 Barracas

São poucos os locais para barracas no Red Rock Canyon, mas, se tiver sorte de achar um gratuito, você pode ficar até catorze dias. Há também pontos de barraca no Mt. Charleston e campings à volta do lago Mead.

3 Reservas

Faça reservas nos campings particulares com a maior antecedência possível. Com o aumento da popularidade dos campings, é mais difícil conseguir lugar sem reserva – ainda mais no verão, quando os estudantes estão em férias, e no início do outono, época preferida dos idosos.

4 Campings de Cassinos

Se você quiser se instalar num camping de cassino, é muito importante fazer reserva com boa antecedência. O Las Vegas KOA localiza-se junto ao Circus Circus, na Strip, e o Sam's Town RV Park fica perto do Sam's Town Hotel & Gambling Hall.

5 Estacionamentos para Trailers

Laughlin é a região mais propícia para trailers do sul de Nevada. Esses veículos recreativos podem ficar no estacionamento do cassino para pernoite, e existem vários estacionamentos para trailers do outro lado do rio Colorado, em Bullhead City, Arizona.

6 Aluguel de Trailers

Se você pretende alugar um trailer enquanto estiver em Las Vegas, pode escolher entre mais de meia dúzia de locadoras. Você vai encontrá-las nas páginas amarelas da lista telefônica de Las Vegas e na internet.

7 Precauções em Campings

Nunca acampe em área seca alagável nem perto dela, por causa da grande possibilidade de enxurrada. Não acampe também no alto de um morro ou colina por causa do perigo de queda de raio e de ventos fortes.

8 Tempestades

Se você estiver acampando no deserto e começar uma tempestade, mude-se imediatamente para terreno alto – de 10m a 30m do leito do cânion ou de um arroio seco.

9 Casas Flutuantes

Para alugar uma casa flutuante, contate a Seven Crown Resorts ou a Forever Resorts com boa antecedência. A marina da Forever Resorts (a mais próxima das duas), na baía Callville, está a cerca de 45 minutos de carro da Las Vegas Strip.

10 Escolha da Estação

O verão pode ser quente demais, mas é o auge nos campings e casas flutuantes. Faça preparativos até um ano antes. Os valores de aluguel são melhores no inverno, mas o tempo pode não ser agradável. Considere alugar uma casa flutuante na primavera ou no outono.

Agenda

Forever Resorts
800 255 5561

Las Vegas KOA
500 Circus Circus Drive • 702 733 9707

Sam's Town RV Park
5111 Boulder Highway • 702 456 7777

Seven Crown Resorts
800 752 9669 • www.sevencrown.com

No lombo de mulas; Hotel luxuoso; Festejos do Ano-Novo, na Strip

TOP 10 Dicas de Hospedagem

1 Escolha o Hotel Mais Adequado
Considere suas preferências nas férias ao escolher a hospedagem. Se você gosta de movimento e não se importa com barulho, escolha um hotel na Strip ou no centro. Se a jogatina não vai ter papel importante nas suas férias, será melhor se hospedar num lugar que não tenha cassino.

2 Agências de Viagem
O modo mais fácil de reservar quartos em Las Vegas é por meio de uma agência de viagens. Contudo, em geral elas não têm acesso a opções econômicas nem tempo para procurá-las.

3 Preparativos pela Internet
Quase todos os principais hotéis-cassinos de Las Vegas têm sites próprios, em que oferecem reservas on-line e anunciam promoções. Os endereços estão relacionados nos textos dedicados a cada hotel neste guia.

4 Pacotes
Pesquise os diversos pacotes de passagem mais hospedagem. Os arranjos com jogo menos caros costumam incluir passagem aérea e de duas a quatro diárias em hotel, para duas pessoas. Frequentemente, vários hotéis oferecem opções em faixas de preço diferentes.

5 Exigências Pessoais
Para ter um quarto como você gosta, telefone para o hotel e fale com o responsável pelas reservas. É bem provável que você consiga um quarto mais adequado ao conversar com quem conhece muito bem o hotel.

6 Pechinchas
Se quiser diárias baixíssimas em Las Vegas, faça a sua estada coincidir com os dias que antecedem a véspera do Ano-Novo ou se seguem ao primeiro dia do ano (ou uma semana inteira, caso o Ano-Novo caia nela), além dos dias entre as National Finals Rodeo e o Natal. Os sites de hotel são em geral o melhor lugar para achar bons negócios ao longo do ano.

7 Dias a Evitar
Os preços de diárias são em geral mais altos em fins de semana e feriados e podem mais que quadruplicar quando se realiza um congresso importante no hotel ou nas redondezas *(p. 117)*.

8 Parques Nacionais
Os parques nacionais dos EUA atraem muita gente, sobretudo os que estão no Sudoeste. O resultado disso é que se deve reservar ao menos um ano antes a hospedagem dentro dos parques e também rafting em corredeiras e passeios de mula no Grand Canyon. Do contrário, você terá de se hospedar numa região vizinha aos parques.

9 Regiões Vizinhas
É mais fácil e barato conseguir hospedagem em Laughlin, Boulder City, Mesquite e nos locais ao redor de Las Vegas. Saiba que é necessário ter um carro para acessar essas áreas com facilidade.

10 Preços de Última Hora
Se você é flexível, aproveite os pacotes de viagem de última hora oferecidos pela maioria das agências de viagem. Eles podem ser bastante vantajosos.

Casas flutuantes na Seven Crown Resorts

Índice

Os números de página em **negrito** referem-se à entrada principal.

1 OAK 42
21 (jogo) *veja blackjack*
24-Hour Vegas Hotel Doctor 133

A

Absinthe 39
academias de ginástica **64-5**
acesso à internet 130
Adelson, Sheldon 20
Adventure Canyon 56
Adventure Photo Tours 109
Adventuredome 66
Agassi, André 31
agências de viagem 135
água, precauções contra o calor 132, 133
Aguereberry Point 103
Airline Captain for a Day 57
Alan Bible Visitor Center 94
alergias 132
Aloha Specialties 82
aluguel de carro 113
Americans with Disabilities Act (ADA) 127
Andre's 46
Angel Park Golf Club 62
animais
  Grand Canyon 17
  parques e reservas 104
  precauções no deserto 133
  Red Rock Canyon 25
  veja também aquários; zoológicos
Ano-Novo
  no centro 80
  Ano-Novo chinês 58
antiquários 116
Antique Mall of America 91
Aquae Sulis Spa 64
aquários
  Dolphin Habitat 66
  Forum Shops no Caesars 27
  Lost City of Atlantis 26
  Shark Reef at Mandalay Bay 72-3
Aquarius Casino Resort (Laughlin) 97
Arcade at the Bellagio 75
arcades (jogos eletrônicos) 75
Aria Resort 28, 37
Arizona Charlie's 88
Arizona Steak House (Grand Canyon) 106
Artemus W. Ham Concert Hall 41
Artisan 89
artistas de rua 82
artrite 132
Asian Chamber of Commerce 115
atendimento a gays e lésbicas 128
atividades ao ar livre **60-1**
Atlantis 26
Atlatl Rock 105
Attic, The 83, 91
ATV Wilderness Tours 109
aulas de jogo 126
Auto Collections at Imperial Palace **72**, 73
autorizações de casamento 120
Avi Resort and Casino 95, 97
Awesome Adventures 109

B

Bad Attitude Boutique 121
Badlands Golf Club 62
Bali Hai Golf Course 62
Bally's Avenue Shoppes, lugares para ver gente 77
bancos 129
Bank of America 129
barcos
  Black Canyon River, passeios de bote 11
  casas flutuantes 134, 135
  Grand Canyon, passeios 16
  lago Mead, cruzeiros 11
  Las Vegas Cup, corrida de lanchas 58
  rafting 17
Bare Essentials 121
bares de salada **48-9**
basquete 61
batedores de carteira 131
Beatles Love, The 39
bebidas alcoólicas 132
Beef Jerky Store 83
beisebol 59
Bell, Book & Candle 91
Bellagio 6, **14-5**
  bufês 48
  capelas matrimoniais 50
  estufa 15, 55
  fontes 71, 73, 76
  Gallery of Fine Art 15, 44
  piscina 74
  Spa Bellagio 65
  lugares para ver gente 77
  Via Bellagio 15, 52
Best Western Squire Inn (Grand Canyon) 107
Best Western Zion Park Inn 107
bicicletas 60, 114
  Red Rock Canyon 25
Big Shot 56
bilheterias 119
Binion's 13
Bishop, Joey 30
BJ's Restaurant & Brewhouse 90
Black Canyon River, passeios 11
blackjack 124
  torneios de jogos 123
Blue Man Group 39
boates **42-3**
  gays e lésbicas 128
  strip-tease 131
Bocelli, Andrea 40
Bodies... The Exhibition 77
boliche 67
Bonaly, Surya 31
Bonanza Gift Shop 83
bondes 114
Bonnie Springs and Old Nevada 67
Boulder Beach 94
Boulder City 93, 95
  Commercial District 11
  Historic District 93
  motéis 97
  restaurantes 96
Boulder Dam Brewing Company (Boulder City) 96
Bow, Clara 31
boxe 59
Boyd, Sam 82
Bradley Ogden 47
Bright Angel Lodge Restaurant 106
Bright Angel Point 99
Bright Angel Trail 108
Brightman, Sarah 40
brinquedos e simuladores **56-7**
Broadacres Marketplace & Event Center 85, 87
brunch **48-9**
Buca di Beppo 90
bufês **48-9**
Buffalo Bill's 56
Buffet at TI 49
Bullhead City 95

C

caça-níqueis, máquinas124
  antigas 55
  maior do mundo 81
  riscos 125
Caesars Palace 32
  Brahma Shrine 55
  piscina 74
  terreno 76
  The Spa at Caesars Palace 64
caixas eletrônicos 113, 129
Callville Bay 94, 97
caminhadas na natureza
  precauções no deserto 133
  Red Rock Canyon 24, 60
  trilhas no Grand Canyon 17, 108
camping 134
  lago Mead 97
  para barracas 134
cânions
  Red Rock Canyon **24-5**

veja também Grand Canyon
Canterbury Wedding
Chapels 51
Canyon Blaster 57
Canyon Explorations 109
Canyon Overlook Trail (Zion National Park) 108
Canyon Ranch SpaClub 21, 64
capelas matrimoniais **50-1**
Capriotti's Sandwich Shop 10
Carlin, George 40
Carnival World Buffet 48
Carroll Shelby Museum 86
carros 131
coleções de carros no Imperial Palace 72,73
como circular 113, 114
estacionamento 114
itinerários 113, 114
normas de trânsito 113
pacotes de avião-carro e jogo 113
precauções no deserto 133
viagem econômica 117
carteira de habilitação 113
cartões de crédito 116, 129
casamentos 120-1
capelas **50-1**
do mesmo sexo 120
em balão 51
no religioso 120
templos judaicos 50
casas dos operários (Boulder City) 11
casas flutuantes 134
lago Mead 97
reservas 135
cassinos **36-7**
Além do Neon 86, 88
Arizona Charlie's 88
Bellagio 14-15
campings 134
cassinos temáticos 9
centro 79
clubes de caça-níqueis 122
Fiesta 37
Golden Nugget 37
grandes apostadores 15, 121, 123, 124
Harrah's 36
J. W. Marriott Las Vegas 36, 88, 89
jogos 124
Lago Mead, Hoover Dam e Laughlin 97
Laughlin 94
lugares para ver gente 77
Monte Carlo 36
portadores de deficiência 127
primeiro cassino de Las Vegas 13
regras da casa 126
Rio 36, 88
Santa Fe 36
Sunset Station 37, 88
Venetian, The 20-1
cassinos (cont.)
Wynn Las Vegas 22-3
CAT (Citizens Area Transit) ônibus 113, 114, 115
celulares 130
Centro de Las Vegas **78-83**
comida e diversão com economia 82
lojas 83
mapa 78
passeios a pé 81, 114
centros de negócios em hotéis 130
Cézanne, Paul 45
Chaparral Country Club 95
Charleston, Mt. 61
Cheesecake Factory 27
Chevalier, Maurice 73
Chihuly, Dale 14
Children's Discovery Trail (Red Rock Canyon) 25
Children's Park 66
Chinatown Plaza 85, 87, 91
Christ Church Episcopal 50
Christmas Tree Pass 94-5, 95
chuva, enxurradas 134
Cinco de Mayo 58
Circus Circus 71, 73
Midway at Circus Circus 75
Cirque du Soleil 15, 38
CityCenter 7, **28-9**
Clark County Amphitheater 41
Clark County Heritage Museum 45
Clark County Marriage Services 120
Cliffrose Lodge & Gardens (Zion) 107
clubes de caça-níqueis 122
Coffin Peak Trail 108
Colorado Belle (Laughlin) 97
Colorado, rio
Grand Canyon **16-7**
Hoover Dam 6, **10-1**
Colter, Mary 102
comida
alimentos gourmet feitos em Nevada 54-5
jantar com espetáculo 118
veja também restaurantes
Commander's Palace 23
Commercial District (Boulder City) 11
Commissioner of Civil Marriages 120
compras **52-3**, 116
Além do Neon 91
casas de penhores 80, 116
Centro de Las Vegas 83
étnicas 116
Forum Shops no Caesars 7, 8, **26-7**, 52, 72, 73
suvenires 54-5
viagem econômica 117
comunicação 130
Coney Island Emporium 75
congressos 112
Conservatory Garden, Bellagio 15, 55
Coronado Room (Grand Canyon) 106
corredeiras, rafting 17
correios 130
corrida 61
corridas de carros 59
Carroll Shelby Museum 86
Las Vegas Speedway 86, 87
Cosmopolitan 74
Cost Plus World Market 91
Cottonwood Cove 94
Country Fresh Farmers Market 87
crianças **66-7**, 131
criminalidade 131
Crow, Sheryl 42
Crystals at CityCenter 28, 53
Cyber City Café 130
Cyber Stop 130

D

Dalitz, Moe 9
Dangerfield, Rodney 40
Dante's View 103
Davis Dam 95
Davis, Sammy Jr 30
de Niro, Robert 9
Death Valley 103
Aguereberry Point 103
Dante's View 103
flora e fauna 104
Funeral Mountains 105
geologia 102
hotéis 107
Panamint Mountains 105
restaurantes 106
Scotty's Castle 102-3
trilhas para caminhada 108
descontos
espetáculos 119
ingressos 119
lojas 117
Desert Shores 60
Desert Willow Golf Course 63
Desperado 56
Dig This 85, 87
dinheiro 129
bancos 129
caça-níqueis 124
clubes de caça-níqueis 122
riscos do jogo 125
torneios de jogos 123
Disc Golf at Mountain Crest Park 61
Discovery Children's Museum 44
diversão
arcades 75
boates e lounges 42-3
brinquedos e simuladores 56-7
cultural 118, 119
espetáculos 38-9, 118

diversão (cont.)
esportes 59, 60-3
festivais e eventos 58-9
gratuita 76
ingressos 119
música e artes cênicas ao vivo 40-1
no centro 13, 82
para adultos 118
portadores de deficiência 127
publicações 130
viagem econômica 117
veja também cassinos
Don Laughlin's Riverside Resort (Laughlin) 97
Downtown Station 130
DragonRidge Golf Club 62
Drai's 42
Drift Spa 64
Dye, Pete 63

E
East Zion Thunderbird Lodge Restaurant (Mt Carmel) 106
Echo Bay 94
Einstein Bagels 24
Eisenhower, Dwight D. 72
El Cortez Hotel 81
El Rancho Boulder Motel (Boulder City) 97
El Tovar Dining Room (Grand Canyon) 106
El Tovar Hotel (Grand Canyon) 107
Elephant Rock 105
Emerald River Golf Course 95
Emergency Arts 13
enxurradas, segurança 133, 134
escada rolante em espiral 26
espetáculos **38-9**, 118-9
ingressos 119
portadores de deficiência 127
suvenires 55
esportes 59, 60-3
esqui 61
estacionamento
em terrenos e em garagens 114
na rua 114
para trailers 134
segurança 131
Ethel M Chocolate Factory 86
Excalibur 8, 33
piscina 74
excursões, parques e reservas 109
Eyecandy Sound Lounge 43

F
Fantastic Indoor Swap Meet 91
Fashion Show 9, 52
Fatburger 90
feiras
de antiguidades e de trocas 116
Festas de Finais Nacionais e BBQ Cook-Off 59
festivais e eventos **58-9**
de rua 80
Fey, Charles 55
fichas 124
personalizadas 54
Fiesta Rancho 37, 88
filmes 121
locações 77
Flamingo Wildlife Habitat 67, 71, 76
Flanigan's Café (Zion) 106
Flatley, Michael 39
Flavors Buffet 49
Flightlinez 13
Florida Café Restaurante Cubano 12
Forever Resorts 134
formações naturais 105
Forum Shops no Caesars, 7, 8, **26-7**, 52, 72, 73
lugares para ver gente 77
fotos
casamento 121
suvenires 54, 55
Fountains at Bellagio 71, 73, 76
Fountains at Miracle Mile Shops 77
Four Queens 81
Four Seasons
piscina 74
Verandah Café 73
Fremont Street Experience 12, 79, 81, 82
Fremont Street Pedestrian Promenade 13
Fresh Market Square Buffet (Laughlin) 96
fumo 125
Fun Dungeon 75
Funeral Mountains 105
Funk House 83
Furnace Creek Inn (Death Valley) 107
Furnace Creek Ranch (Death Valley) 107

G
Gable, Clark 95
galerias *veja* museus e galerias
Galleria at Sunset, The 52-3
Gambler's General Store 83
gângsteres 9
garagens 114, 131
Gay & Lesbian Community Center 128
Gayle, Crystal 41
gays e lésbicas 128
GC Flight 109
geologia do Grand Canyon 102
Get Booked 128
Ghostbar at Palms 43
Gipsy 128
Golden Canyon 108
Golden Nugget (Laughlin) 97
Golden Nugget 13, 37
Golden Nugget Buffet 49
golfe 59, **62-3**, 112
golpistas 131
gôndolas, Venetian, The 20, 55
gorjetas
funcionários do cassino 124, 126
Goulet, Robert 31
Grand Canal Shoppes at Venetian, The 21, 53
Grand Canyon 7, **16-7**, 103
Bright Angel Point 99
Camper Village 107
flora e fauna 104
geologia 102
hotéis 107
Inner Gorge 105
Marble Canyon 105
restaurantes 106
San Francisco Mountains 105
trilhas para caminhada 17, 108
Watchtower, Desert View 102
Yavapai Observation Station 102
Grand Canyon Express 109
Grand Canyon Railway 17
Grand Hotel and Canyon Star (Grand Canyon) 107
grandes apostadores 15, 123, 124
torneios de jogos 123
Grapevine Canyon 94-5
Great White Throne 99, 105
Greek Food Festival 58
Green Valley Center 87
Green Valley Ranch Resort 88
Gypsy Den 83

H
H2OH (Lauglin) 96
Halloween Haunted Houses 59
Hard Rock Café 90
Hard Rock Hotel 32-3
piscina 55
Harrah's 36
Harrah's (Laughlin) 97
Hidden Canyon 108
história 30-1
HIV, exames 128
Holiday Inn/Boardwalk 72
Hollywood Theater 40
Holyfield, Evander 40, 41
Hoover Dam 6, **10-1**, 30, 92
centro de visitantes 10
Hoover Dam Museum 11, 93
passeio guiado 93, 95
passeios na usina e na represa 10
Pat Tillman-Mike O'Callaghan Memorial Bridge (Hoover Dam Bridge) 10
Hoover Dam Inn (lago Mead) 97

hopis, índios 17
horários de funcionamento
  bancos 129
  lojas 116
Horizon Discount Outlet 95
hotéis
  Além do Neon 89
  centros de negócios 130
  desconto de cheques 129
  galerias comerciais 116
  hotéis com piscina grande 74
  hotéis temáticos **32-3**
  lago Mead, Hoover Dam e Laughlin 97
  pacotes de lua de mel 121
  parques e reservas 107
  portadores de deficiência 127
  preços 112
  reservas 135
  transporte especial 114
  viagem econômica 117
hotéis temáticos 9, 32-3
  Bellagio 14-5
  Caesars Palace 32
  Excalibur 33
  Hard Rock Hotel 32-3
  Mandalay Bar 32
  New York-New York 32
  Paris Las Vegas 33
  Rio 33
  TI 33
  Venetian, The 20-1, 32
Houdini's Magic Shop 26
House of Blues 73
Hughes, Howard 30-1
Hugo's Cellar 81
Hull, Tom 30

I

imitadores 9
impostos em compras 116
índios pré-históricos 11
  Lost City Museum of Archeology (Overton) 99, 103
    veja também petróglifos
Indoor Skydiving 57
informação turística 115
ingressos para shows 119
In-House Doctor, Inc 133
Inn Dining Room (Death Valley) 106
Inner Gorge (Grand Canyon) 105
In-N-Out Burger 82
Insert Coins 75
internet 115
  gays e lésbicas 128
  pacotes de lua de mel 121
  reservas de hotel 135
intoxicação alimentar 131
Island Wedding Chapel 51

J

jantar com espetáculo 118
Jardim Botânico, Bellagio 15
jardins *veja* parques e jardins
Joe's Crab Shack (Laughlin) 96
Joe's Seafood, Prime Steak & Stone Crab 26
Joël Robuchon Restaurant 46
jogos de cassino 122-6
  aulas 126
  caça-níqueis 124
  clubes de caça-níqueis 122
  dicas 124
  fichas 124
  jargão 124
  riscos 125
  tipos de jogo 124
  torneios de jogos 123
  veja também cassinos
jogos eletrônicos *veja arcades*
Johnson, Albert 102-3
jornais 115, 130
Josef's Brasserie 23
Joystixx 75
Jubilee! 39
JW Marriott Las Vegas 88, 89

K

KÀ 38
Karloff, Boris 93
Katharine Landing 94
Kennedy, John F. 30
kenô 124
Keys 128
King, B. B. 42
Kingman Wash 93
Kolob Arch 105
Kolob Canyons 99
Koolhaas, Rem 44

L

L'Ottimo's (Death Valley) 106
lago Mead 6, 11
  campings 97
  casas flutuantes 97
  cruzeiros 11
  hotéis 97
  jet-ski 60
  lugares históricos 93
  mapa 92
  marinas e praias 94
Las Vegas Advisor 115
Las Vegas Chamber of Commerce 115
Las Vegas Convention & Visitors Authority (LVCVA) 115, 117
Las Vegas KOA 134
Las Vegas Lounge 128
Las Vegas Mini Gran Prix 67, 75
Las Vegas Motor Speedway 86, 87
Las Vegas National Golf Club 63
Las Vegas Natural History Museum 45
Las Vegas Paiute Golf Resort 63
Las Vegas Premium Outlets 83, 91
Las Vegas Springs Preserve 45
Las Vegas Triathlon 59
Latin Chamber of Commerce 115
Laughlin 94, 95
  cassinos 94, 97
  hotéis 97
  mapa 92
  petróglifos 94-5
  restaurantes 96
Laughlin, Don 94
Lavo 42
Lawford, Peter 30
Le rêve – The dream 22, 39, 119
Le Théâtre des Arts 41
Legacy Golf Course 62
lésbicas 128
letreiros de fibra óptica 77
Lewis, Jerry 31, 41
Liberace 31
Liberace Museum 44
Lily Langtry 81
lingerie, lojas de 121
Lion Habitat, MGM Grand 67, 71, 73, 76
Little Buddha 47
Little Church of the West 50
Little White Wedding Chapel 51
livros
  gays e lésbicas 128
  suvenires 54
Lodge, The (Laughlin) 96
Loews Lake Las Vegas 55
Lombard, Carole 95
Lost City Museum of Archeology (Overton) 99, 103
Lotus of Siam 90
lounges **42-3**, 118
  com piano 118
lua de mel, pacotes 121
Luxor 32, 72
  The Sphinx 76
luzes
  centro de Las Vegas 12
  Neon Museum 12, 45, 81
  Strip 8

M

M Resort 37, 89
M&M's World 76
Mac King Comedy Magic Show 39
Madame Tussauds 21, 44, 55
máfia 9
Magic Motion Machines 57
Magical Forest 59
Mandalay Bay
  piscina 74
  Verandah Café 73
Mandalay Bay Events Center 40
Mandarin Oriental 29
Manet, Edouard 15
mapas 114
Marble Canyon 105
marina, lago Mead 94
Marjorie Barrick Museum 45, 87
Marquee 43

Martha, princesa da Noruega 93
Martin, Dean 30, 41
Martin, Ricky 40
Masquerade Village Show in the Sky 86
Maswik Lodge Cafeteria (Grand Canyon) 106
Max Brenner 27
McCarran International Airport 113
McGuire, Phyllis 31
Mead, lago *ver* lago Mead
médicos 132
mendigos 131
mergulho 11
Mesquite 103
MGM Grand 126
  MGM Grand Shops 53
  MGM Grand Spa 65
  piscina 74
Midler, Bette 40
Midway at Circus Circus 75
Miller, Dennis 41
Milo's Cellar (Boulder City) 96
Mimi's Café 90
Miracle Mile at Planet Hollywood and Casino 52
Mirage, The
  piscina 74
  Spa at The Mirage 64
  vulcão 55, 73, 76
mirantes
  Aguereberry Point 103
  Dante's View 103
  Grand Canyon 17
  Hoover Dam Overlook 10
  Red Rock Vista 24
  Stratosphere Tower 79, 81
  Yavapai Observation Station 102
moeda estrangeira 129
Mohave, lago 94, 95
Mon Ami Gabi 47, 77
Monet, Claude 45
monotrilho 114
Monte Carlo 36
  Spa at Monte Carlo 65
Montrachet, Le 47
Mormon Temple Rock 93
mórmons 30, 79, 93
motéis
  Além do Neon 89
  lago Mead, Hoover Dam e Laughlin 97
Mouse's Tank (Valley of Fire) 108
museus e galerias **44-5**
  Alan Bible Visitors Center 10
  Carroll Shelby Museum 86
  Clark County Heritage Museum 45
  Gallery of Fine Art, Bellagio 15, 44
  Hoover Dam Museum 11, 93
museus e galerias (cont.)
  Imperial Palace Auto Collection 72, 73
  Las Vegas Natural History Museum 45
  Liberace Museum 44
  Lied Discovery Children's Museum 44
  Lost City Museum of Archaeology (Overton) 99, 103
  Madame Tussauds 21, 44, 55
  Marjorie Barrick Museum 45, 87
  Museu da Máfia 81
  Neon Museum 12
  Nevada State Museum and Historical Society 85, 87
  Tusayan 17
música ao vivo **40-1**
Mussolini, Benito 72
Mystère 38

N

Nascar Sprint Cup Series 59
natação
  hotéis com piscina grande 74
  portadores de deficiência 127
National Finals Rodeo 59
negócios 115
Nelson, Willie 41
Neon Museum 12, 45, 81
Nevada State Museum and Historical Society 45
New York-New York 32
  aulas de jogo 126
  piscina 74
Newton, Wayne 31
Nicklaus, Jack 62
Nizo, Marcos de 105
Northwest Pool 61
Nugget Restaurant (Searchlight) 95, 96

O

O 38
O'Shea's 72
Oatman 95
Observation Point Trail (Zion) 108
Olav, príncipe da Noruega 93
Old Las Vegas Mormon Fort Historic State Park 79, 81
Omelet House 90
ônibus 113, 114
Original Pancake House 90
Orleans, The 89
  cassino 88
  Orleans Showroom 41
Oscar's 46-7
Overton Beach 94

P

Pacific Islands Festival 58
pacotes de viagem, jogo e avião-carro 113
Palace Station 126
Palmer, Arnold 62
Palms Casino Resort 89
Pamplemousse 46
Panamint Mountains 103, 105
Papillon Grand Canyon Helicopters 109
Paris Las Vegas 33, 73, 76
  bufê 48
parques e jardins
  estufa e jardim botânico, Bellagio 15, 55
  Sunset Park 86-7
  veja também parques nacionais
parques e reservas 98-109
  excursões 109
  flora e fauna 104
  formações naturais 105
  hotéis 107
  mapa 98
  reserva de hospedagem 135
  restaurantes 106
  trilhas para caminhada 108
passeios a pé 114
  Centro de Las Vegas 81
  Strip 61, 73
  veja também caminhadas na natureza
pataias, índios 11, 95
patinação 60
Pavarotti, Luciano 40
PBR Championship 59
pechinchas
  compras 116
  reserva de hospedagem 135
Pelli, Cesar 29
Penn & Teller 38
Perlman, Itzak 41
petróglifos
  Atlatl Rock 105
  Black Canyon 11
  Laughlin 94-5
  Petroglyph Canyon 99, 103
  Red Rock Canyon 25
PFLAG (Parents and Friends of Lesbians and Gays) 128
Picasso (restaurante) 46
Picasso, Pablo 15, 45, 46
pictografias
  Red Rock Canyon 25
  veja também petróglifos
Pinball Hall of Fame 75
Pink Jeep Tours 109
placas
  letreiros de fibra óptica 77
  placas de neon 8, 12
  Vegas Vic 80
Planet Hollywood (restaurante) 27
Planet Hollywood Resort and Casino 33
Plaza Hotel & Casino 81

Pole Position Raceway 56-7
polícia 131
Pollock, Jackson 15
Polo Towers 89
poluição 132
pôquer 124
  fichas 124
  fichas personalizadas 54
  videopôquer 82
  World Series of Poker 59
portadores de deficiência 127
postos turísticos 115
Postrio Bar and Grill 20, 21
Powell, Major John Wesley 17
praias, lago Mead 94
precauções no deserto 133
prêmios de torneios de jogos 123
Presley, Elvis
  imitadores 9
  Madame Tussauds 44
  suvenires 54
Prime Rib Room (Laughlin) 96
Prime Steakhouse 47
prostituição 131
proteção contra o sol 112, 132, 133
Puck, Wolfgang 20, 21, 26, 27
Pure at Caesars 43
Purple Unions 120
Pyles, Stephan 21

Q

Qua Baths & Spa at Caesars Palace 64
quebra-cabeças 54

R

rádio 130
rafting 17
Railroad Pass Casino 95
Rainbow Theatre 66
Rampart Casino 36, 88, 89
Rat Pack 30
Red Rock Canyon 7, **24-5**, 60
Red Rock Lanes 67
Red Rooster Antique Mall 83
relógios de recordação 54
remédios 127, 132
Resnick's Grocery 83
restaurantes
  bares de salada, bufês e brunches **48-9**
  Bellagio 15
  centro 82
  gourmet **46-7**
  lago Mead, Hoover Dam e Laughlin 96
  para famílias 90
  parques e reservas 106
  roupas adequadas 112
  viagem econômica 117
Revere at Anthem Golf Course 63
revistas 115
Reynolds, Debbie 31
Richard Petty Driving Experience 57
Righteous Brothers 41
Rim Trail (Grand Canyon) 108
Rio All-Suite Hotel & Casino 36, 88, 89
Riverside Walk (Zion) 108
Riverview Golf Course 95
Rochat, Andre 46
rodeio 59
Rodgers, Brad 45
Roller Coaster, The 56
Romano's Macaroni Grill 90
Roosevelt, Franklin D. 30
Rosendahl, Peter 45
Ross, Diana 41
Rotary International 115
roubo 131
roupas
  em restaurantes 112
  lojas de lingerie 121
  o que levar 112
  precauções no deserto 133
Royal Links Golf Club 63
Ruiz, John 40
Rumor 89

S

Sam Boyd Stadium 40
Sam's Town 88
Sam's Town RV Park 134
San Francisco Mountains 105
Santa Fe Station Hotel and Casino 36, 88, 89
saúde 112, 132
Scott, Walter 102-3
Scotty's Castle 102-3
Searchlight 95
  restaurante 96
seguro
  de carro 113
  de viagem 132
Selvaggio, Pierro 21
Serrano, Julian 46
Seven Crown Resorts (lago Mohave) 97, 134
Shakespeare, William 85
Shark Reef Aquarium at Mandalay Bay 67, 72-3
Shelby, Carroll 86
Sheplers 91
Shoppes at the Palazzo 53
shoppings 116
Showroom at Planet Hollywood 40
shows *veja* espetáculos
Shriners Hospitals for Children Open 59
Siegel, Benjamin "Bugsy" 9, 30
Siegfried & Roy's Secret Garden and Dolphin Habitat 66
Silverton Aquarium 76
Sinatra, Frank 21, 30, 41
SkyJump Las Vegas 57
Smith Center 40
Snick's Place 128
Snow Mountain Powwow 58
snowboard 61
SoBe Ice Arena 66
Sourdough Cafe 82
South Kaibab Trail 108
spas e academias 64-5
  Bellagio 65
  Encore 65
  Mirage 64
  Monte Carlo 65
  New York-New York 65
Spago 27
Sphinx at Luxor, The 76
Springfield, Rick 38
segurança 131
St. Patrick's Day 58
Steak House (Laughlin) 96
Sterling Brunch 48
Stovepipe Wells Village (Death Valley) 107
Stratosphere Tower 79, 81
Streisand, Barbra 40
Strip 6, **8-9**, **70-7**
  arcades 75
  diversão gratuita 76
  hotéis com piscina grande 74
  lugares para ver gente 77
  mapa 70
  passeios a pé 61, 73
Strut Your Mutt 59
Studio B Buffet 49
Summerlin 60
Sunset Park 60-1, 86-7
Sunset Station 89
  cassino 37, 88
Sur la Table 23
Susie's Deals 91
suvenires **54-5**
Sweet Tomatoes Salad Bar 48

T

TAO Nightclub 42
táxis 114
Taylor, Elizabeth 28
telefones 130
  de emergência 133
televisão 130
Temple Bar, marina 94
Temple of Sinawava 99, 105
tempo e temperatura 112
tênis 60
Texas Station 88
Theater, Bellagio 15
Third Floor of The Cosmopolitan 77
Thirteen-Mile Drive (Red Rock Canyon) 25
Thomas & Mack Center 41
TI 33
  Buffet, The 49
  lugares para ver gente 77
  piscina 74
  Sirens of TI 71, 76
  Ticiano 21
Ticketmaster 119
Tickets and Tours 109

Tiepolo, Giovanni Battista 21
Time-Out Arcade 75
tinajas 25
Tintoretto, Jacopo 21
torneios de jogos 123
Total Wine 91
Toto's Mexican Restaurant (2 City) 96
Town Square Las Vegas 53, 66, 87
trailers 134
transporte especial 114
  aeroporto 127
  portadores de deficiência 127
travellers' cheques 129
trens 113
tribo indígena de Fort Mojave 95
Tropicana Las Vegas 74
Tryst 43
Turbo Drop 56
Tusayan Museum and Ruin 17

U

UNLV
  campus 85, 87
  eventos esportivos 59
Urban Chamber of Commerce 115
US Post Office 130

V

Valley of Fire
  Atlatl Rock 105
  Elephant Rock 105
  Petroglyph Canyon 99
  trilhas para caminhada 108
Vanity 43
Vdara Hotel 29
Vegas Vic, placa 80
vendedores ambulantes 83
Venetian, The 7, **20-1**, 32
  gôndolas 20, 55
  gondoleiros e menestréis 76
  lugares para ver gente 77
Via Bellagio 15, 52
viagens 113-4
  aéreas 113
  econômicas 117
  no Grand Canyon 16
  ônibus do aeroporto 127
videogames no quarto 75
videopôquer 82
Village Seafood Buffet 48
Vinton, Bobby 41
VIP, compra de ingressos 119
Viva Las Vegas 50

W

Walzog, David 23
Watchtower 102
Webber, Andrew Lloyd 39
Wedding Salons at Wynn 50
Western Union 130
Wienerschnitzel 90
Wildrose Canyon 108
Wildrose Peak 108
Willow Beach 95
Witt, Katarina 40
Woods, Tiger 59, 63
World Championship Boxing 59
World News Kaffee 28
World Series of Poker 59
Wynn Las Vegas 7, 22-3, 33, 126
Wynn, Steve 14, 31

Y

Yavapai Geology Museum 102
Young, Brigham 30

Z

Zabriskie Point 108
Zarkana 28
Zion Canyon 99
Zion Lodge 107
Zion National Park 103
  flora e fauna 104
  geologia 102
  Great White Throne 99, 105
  hotéis 107
  Kolob Arch 105
  Kolob Reservoir Road 99
  restaurantes 106
  Temple of Sinawava 99, 105
  trilhas para caminhada 108
Zion Ponderosa Ranch Resort 109
zoológicos
  MGM Grand Lion Habitat 67, 71, 73, 76
  Secret Garden of Siegfried & Roy 66
  Southern Nevada Zoological Park 67

Agradecimentos

A Autora
Connie Emerson, que morou em Nevada por mais de 30 anos, escreve artigos sobre viagem para publicações nacionais e internacionais.

Produzido por Blue Island Publishing, Highbury, Londres

Diretora editorial
Rosalyn Thiro
Diretor de arte
Stephen Bere
Edição
Michael Ellis, Charlotte Rundall
Diagramação
Tony Foo, Ian Midson
Pesquisa iconográfica
Ellen Root
Assistentes de pesquisa
Amaia Allende, Emma Wilson
Fotógrafo principal
Demetrio Carrasco
Outros fotógrafos
Nigel Hicks, Alan Keohane, Tim Ridley, Greg Ward
Estúdio de arte
Chris Orr & Associates
Revisão
Stephanie Driver
Índice
Hilary Bird

DORLING KINDERSLEY
Diretora de publicações
Gillian Allan
Gerente editorial sênior
Louise Bostock Lang
Gerente editorial
Kate Poole
Editora de arte sênior
Marisa Renzullo
Coordenador de cartografia
Casper Morris
Diagramação
Jason Little
Produção
Sarah Dodd, Marie Ingledew
Cartografia
John Plumer
Revisão técnica
Emma Anacootee, Claire Baranowski, Bob Barnes, Marta Bescos, Louise Cleghorn, Karen Constanti, Connie Emerson, Mariana Evmolpidou, Anna Freiberger, Rhiannon Furbear, Jo Gardner, Camilla Gersh, Eric Grossman, JoAnna Haugen, Rebecca Ingram Frisch, Claire Jones, Maite Lantaron, Sam Merrell, Marianne Petrou, Collette Sadler, AnneLise Sorensen, Karen Villabona, Ros Walford

A Dorling Kindersley agradece aos hotéis, restaurantes, lojas, museus, galerias e a outras atrações pela assistência e autorização para fotografar nos estabelecimentos.

Créditos das imagens: a-alto; ad-alto, direita; ae-alto, esquerda; b-embaixo; bd-embaixo, direita; be-embaixo, esquerda; c-centro; cb-centro, embaixo; ce-centro, esquerda; e-esquerda.

ALAMY IMAGES: Lynn Sutherland 82ad. THE BARRICK MUSEUM AT UNLV: 44b; Cortesia de THE BELLAGIO: Russell MacMasters Photography 2ae, 14b, 15c, 31bd, 46b, 50c, 77c, 120ae; BINION'S: 13bc; THE BLUE MAN GROUP: Ken Howard 38ad; BOUL- DER DAM BREWING CO: 96ac, m; BUREAU OF RECLAMATION: Andrew Pernick 6ce, 10-1c, 92a. CAESARS ENTERTAINMENT: 71bd; Cortesia de CAESARS PALACE: 64ad; 74ae,

76ad; boate PURE 42ad; CHINOIS: 47ca; CIRQUE DU SOLEIL INC: Jeremy Daniel & Richard Turmine 29ae; fotos de Tomas Muscionico Costumes Marie-Chantale Vaillancourt 38ac, 119ad, Photo Veronique Vial Costumes Dominique Lemieux 38c, 119c; © Al Seib 38b; CORBIS: Bettmann 30c, 31a, 120ad; Richard Cummins 50ad; Terra/Rudy Sulgan 8-9c. Cortesia de THE DESERT INN: 135ac. EMERGENCY ARTS: 13ad; Cortesia de EXCALIBUR: 135ad. FASHION SHOW: 52ad; cortesia de THE FORUM SHOPS: 26a, 26b; THE FUNK HOUSE LAS VEGAS: 83ad. Cortesia de GET BOOKED: 128ae; GOLDEN NUGGET Las Vegas: 97ac. HARD ROCK CAFE Las Vegas: 90ac; HARD ROCK HOTEL: Erik Kabik 42be; Cortesia de HARRAH'S: 36ad; HULTON ARCHIVE: Archive Pictures 30ac. Cortesia de JUBILEE: 3ace, 39a, 119ae; JW MARRIOTT LAS VEGAS RESORT & SPA: 36ae, 88ae. LAS VEGAS CONVENTION & VISITORS AUTHORITY: 56ae, 66cea; LAS VEGAS MAGAZINE: 115cb; LAS VEGAS MINI GRAN PRIX: 75ac; LAS VEGAS NEWS BUREAU: 6ae, 6be, 7bd, 7cdb, 8, 8bc, 12cea, 12-3be, 24-5c, 28cea, 28cdb, 28-9c, 29cda, 80a, 82ae, 114ae, 115ae; LAS VEGAS SUN: Lori Cain 58ad; Steve Marcus 58b; Aaron Mayes 85, 87ad; Sam Morris 59a, 86b; Ethan Miller 84ad, 87cb; Marsh Starks 58ae, 59b; LEONARDO MEDIA LTD.: 28bc, 96bc. Cortesia de MANDALAY BAY: 112ad; MANDARIN ORIENTAL: 29be; MAX BRENNER: 27bc; cortesia de MGM GRAND: 46ac, 126b, 128ad; MGM RESORTS INTERNATIONAL: 46cea; MGM MIRAGE: 36cb, 42ac, 47ad, 52bd, 64be, 65ad, 77ad, 117ad, 118ac, 118ae, 118ad; cortesia de THE MIRAGE 46ac, 64ae, 66b, 73b, 117ad. N9NEGROUP: 42c; NHPA: David Middleton 104c. PHOTOFM.COM: Fred Morledge 57ce; PLAZA HOTEL & CASINO: 46ae.THE RAINBOW COMPANY YOUTH THEATER: Tom Dyer 66ad; RIO SUITE HOTEL: 87be. THE SMITH CENTER: 40ad; STATION CASINOS: 67ad, 75ae; STONE: Kerrick James 110-1; cortesia de STRATOSPHERE TOWER: 56b. TAO: Al Powers 42ae; cortesia de TI 76ae; TOWN SQUARE LAS VEGAS: 53c; TRYST: 43ae. Cortesia de THE VENETIAN: 20a, 32ae, 71a. Cortesia de WYNN LAS VEGAS: 51bd, Scott Forest 23ad, Robert Miller 7cb, 22cea, 22-3, 23cd, Tomasz Rossa 22bc, 38ae, 119ad.

Capa do mapa avulso: DK IMAGES: Rough Guides/Demetrio Carrasco. Guarda da capa: BINION'S: bc.

Todas as outras imagens © Dorling Kindersley. Para mais informações: www.dkimages.com.